Christian Oehlschläger

# Auf trügerischer Spur

Jagd- und Kriminalgeschichten

*Für Eva
und
Barbara*

Christian Oehlschläger

# AUF TRÜGERISCHER SPUR

Jagd- und Kriminalgeschichten

mit Illustrationen von

Julius Meyerhof

**NEUMANN-NEUDAMM**

Christian Oehlschläger, 1954 in Hannover geboren, Förster bei der Landwirtschaftskammer Niedersachsen, war mehrere Jahre als forstlicher Berater in Mittel- und Südamerika tätig, bevor er die Leitung der Bezirksförsterei Burgwedel übernahm.

Neben zahlreichen Beiträgen für die Fachpresse sind von ihm die Kriminalromane *Der Schwanenhals*, *Der Kohlfuchs*, *Die Wolfsfeder*, *Der Waldvogel*, *Das Hirschluder* und *Der Neunwürger* sowie die Kurzgeschichtenbände *Seltene Beute*, *Wildwechsel*, *Draußen vom Walde* und *Wo Hirsch und Has'* erschienen. Obendrein hat der als ›Krimi-Förster‹ bekannte Autor an diversen Anthologien mitgewirkt.

Weitere Informationen unter www.christian-oehlschlaeger.de

Originalausgabe

2. korrigierte Auflage 2019 - ISBN 978-3-7888-1929-3

Das Werk einschließlich aller seiner Teile ist urheberrechtlich geschützt. Jede Verwertung außerhalb der engen Grenzen des Urheberrechtsgesetzes ist ohne die Zustimmung des Verlages unzulässig und strafbar. Das gilt insbesondere für Vervielfältigungen, Übersetzungen, Mikroverfilmungen und die Einspeicherung und Verarbeitung in elektronischen Systemen.

Das Werk ist nach bestem Wissen lektoriert worden. Für falsche, fehlende oder unrichtig wiedergegebene Daten sowie jedweden falschen Gebrauch wird die Haftung ausgeschlossen.

© 2018 Verlag J. Neumann-Neudamm – eine Marke der Neumann-Neudamm GmbH
Schwalbenweg 1, 34212 Melsungen
Tel. (0 56 61) 92 62-26, Fax (0 56 61) 92 62-19

*www.neumann-neudamm.de – info@neumann-neudamm.de*

Titelgestaltung: Katharina Vollmer, Neumann-Neudamm GmbH
Lektorat, Bildbearbeitung, Satz und Layout: Ulrich Hilgefort, Hannover
Druck und Weiterverarbeitung: CPI, Leck
Gesetzt aus der Goudy Old Style/Goudy Sans 11/13 pt

Printed in the European Community

# Inhalt

1. Auf Abwegen — 6
2. Brillantenhase — 49
3. Schnepfenstrich — 61
4. Krippenspiel — 81
5. Extrawurst — 96
6. Tatort Kalabusch — 117
7. Unerwünschter Besuch — 129
8. Kalt — 144
9. Sommernacht — 158
10. Frozen Fox — 194
11. Wolfsangel — 213
12. Milad Mubarak — 225

# Auf Abwegen

Es war einer dieser herrlichen Herbsttage, wie man sie sich als Jäger erträumte, wenn man zu einer Drückjagd eingeladen war. Eigentlich handelte es sich eher um einen Spätsommertag. Einen Spätsommertag, wie er im Buche stand: Blauer Himmel, kein einziges Wölkchen, also Sonne satt, kaum Wind, lediglich ein laues Lüftchen. Vielleicht einen Hauch zu warm fürs Jagen. Für Ende Oktober herrschten - nicht nur tagsüber, sondern auch nachts - außergewöhnlich milde Temperaturen.

Robert Mendelski fielen die Begriffe ›Altweibersommer‹ und ›Indian summer‹ ein, während er seinen Pkw langsam über den staubigen Waldweg lenkte. Im Autoradio liefen die 8.00-Uhr-Nachrichten. Bis zum Treffen um 8.30 Uhr am Modellflugplatz Jeversen war es nicht mehr weit.

Mit ›Indian summer‹ verband der Kriminalhauptkommissar die intensive Laubverfärbung im Herbst. Rechts und links des Weges stand farbenprächtiger Buchenunterbau unter immergrünen Altholzkiefern. Die Wälder um Wietze, Wieckenberg und Jeversen hatten sich in den letzten Jahren verändert, stellte Mendelski fest. Durch die Unterpflanzung von Buchen, Ahorn und Roteichen waren aus den Nadelholzreinbeständen vielerorts Mischwälder geworden.

»Altweibersommer ...«, murmelte der Autofahrer, während er in die tief stehende Sonne blinzelte. Und in Gedanken: ›Woher stammte doch die Bezeichnung? Gewusst hab' ich's mit Sicherheit schon mal ...‹

Dröhnend überholte ihn ein hubraumstarker Geländewagen. Mendelski erschrak, denn abgelenkt durch seine Träumerei hatte er das fremde Fahrzeug nicht wahrgenommen. Reflexartig lenkte er seinen Kombi rechts auf das holprige Wegbankett und trat auf die Bremse. Auf dem schmalen Wirtschaftsweg war es nicht ungefährlich, jemanden zu überholen.

Aus den Augenwinkeln bemerkte Mendelski, dass in dem Geländewagen lediglich eine Person saß. Eine Frau. Der orangefarbenen Kappe und der Jacke im Signal-Camouflage-Look nach zu urteilen, handelte es sich um eine Jägerin. Allem Anschein nach war sie ebenfalls auf dem Weg zur Jeversener Drückjagd – jedoch schien sie es deutlich eiliger zu haben als er.

»Sucht der hier 'nen Parkplatz?«, schimpfte Tina Koss bissig vor sich hin. Im Rückspiegel hatte sie das Ausweichmanöver des überholten Fahrzeugs mitbekommen.

»Mann mit Hut. Ach herrje ...« Sie rückte ihre Kappe zurecht und trat ordentlich aufs Gas. »Typischer Wochenendjäger. Wahrscheinlich ein Beamter, so'n Schreibtischtäter. Was für ein Langweiler ...«

Tina Koss hatte es eilig, daher ihre forsche Fahrweise. Vor Jagdbeginn wollte sie unbedingt noch mit dem Jagdherrn sprechen, denn sie war sich nicht sicher, ob ihr Wunsch nach einem bestimmten Ansitzbock bei ihm angekommen war. Telefoniert hatte sie nur mit dem Forstwirtschaftsmeister, der versprochen hatte, sich der Sache anzunehmen. Warum sie so viel Wert darauf legte, ausgerechnet den Sitz in unmittelbarer Nähe zum Nachbarrevier zu bekommen, hatte der Forstwirtschaftsmeister zum Glück nicht gefragt. Sonst hätte sie ihm einen Bären aufgebunden.

›Bären aufbinden?‹ Tina Koss grübelte. Dabei kräuselte sie die Stirn, dann grinste sie kurz. Als Jägerin müsste sie eigentlich wissen, woher diese Redensart stammt. Wusste sie aber nicht. Zu dumm auch.

Wenig später erreichte sie den Sammelplatz.

Veranstalter der heutigen revierübergreifenden Ansitz-Drückjagd war das Forstamt der Hannoverschen Stadtwerke, die sich vor einiger Zeit in »enercity AG« umbenannt hatten. Deren Waldflächen lagen zum überwiegenden Teil im Landkreis Celle.

Sie war nicht die Erste. Etliche Fahrzeuge – meist SUVs in grüner Farbe – parkten bereits am Wegesrand. Die meisten von ihnen hatten wohl längere Zeit keine Waschstraße gesehen, einige strotzten regelrecht vor Dreck.

Tina Koss parkte ihren blitzblanken BMW X3 neben einem US-Pick-up älterer Bauart, auf dessen Ladefläche eine große Hundebox stand. Die Heckflachte war heruntergeklappt, direkt darunter schlabberten zwei angeleinte Weimaraner aus Wasserschalen. Von einem Herrchen oder Frauchen war nichts zu sehen.

Schwungvoll öffnete sie die Fahrertür und stieg aus. Jäger, Durchgehschützen und Treiber standen in kleinen Gruppen am Straßenrand, fein säuberlich getrennt nach Jagdscheininhabern und Leuten ohne dieses Papier.

Auf den ersten Blick schienen die Männer klar in der Überzahl zu sein, erst beim näheren Hinsehen registrierte Tina Koss, dass fast zu jeder Gruppe auch eine Frau zählte.

Egal. Die Blicke der Mannsbilder waren ihr sicher. Geschminkt, als ginge es nicht auf Drückjagd, sondern zur Party, die blonden langen Haare zu einem kunstvollen Zopf geflochten, stolzierte sie durch die Reihen. Die hautenge Hirschlederhose saß wie aufgesprüht, die Bluse unter der offenen Jacke trug sie provozierend tief aufgeknöpft.

Tina Koss genoss ihren Auftritt.

»Haste den Knackarsch gesehen?«, lästerte jemand leise. »Genau das Richtige für 'ne Treib ... jagd.« Die Pause war nicht zu überhören.

»Is' aber Drück ... jagd heute«, kommentierte ein anderer.

»Trotzdem. Wüsste gern, was sie drunter hat.«

»Fünf Euro in die Macho-Kasse!«, konterte eine raue Frauenstimme schlagfertig. »Und kümmert euch mal besser um euer eigenes Unter ... holz.«

Der Jagdherr war leicht auszumachen. Das lag nicht nur an seiner Größe, dem Klemmbrett unterm Arm und der Lesebrille auf der Nasenspitze, sondern an seiner selbstbewussten Erscheinung. Forstamtsleiter Schrader stiefelte geschäftig von Gruppe zu Gruppe, begrüßte gut gelaunt seine Gäste und machte wie gewohnt manchen lockeren Spruch.

Zielstrebig steuerte Tina Koss auf den Jagdherrn zu und stellte sich ihm in den Weg.

»Waidmannsheil, Herr Schrader«, ließ sie verlauten. »Herzlichen Dank für die Einladung. Wir kennen uns ja noch nicht: Tina Koss aus der Zentrale. Von der IR, der Innenrevision.«

»Ach, Sie sind das.« Der Jagdherr nahm seine Lesebrille ab und lächelte vielsagend. »Hab' schon viel von Ihnen gehört. Schön, dass Sie heute mit uns jagen möchten.«

Etwas gekünstelt erwiderte sie sein Lächeln.

»Wie ich hörte«, fuhr er fort, »haben Sie für heute einen besonderen Platzwunsch.«

»Das ist zu Ihnen gedrungen? Sehr schön. Und? Klappt es?«

»Sie möchten also gern an den Moorkuhlen sitzen? Warum, wenn ich fragen darf?«

»Ich liebe das Moor. Das Urige, Mystische, Geheimnisvolle zieht mich magisch an.« Sie berührte leicht seinen Unterarm und setzte ihren Dackelblick auf, mit dem sie jedes Männerherz erweichen konnte.

»Okay«, seufzte Schrader kaum hörbar auf. »Geht klar. Für die Innenrevision haben wir immer ein besonderes Plätzchen.« Rasch wandte er sich dem nächsten Gast zu.

❖

Robert Mendelski parkte seinen schwedischen Kombi neben dem bayrischen Geländewagen, der ihn vorhin überholt hatte, und stieg aus. Erst jetzt fiel ihm auf, wie jäguntypisch sauber der BMW aussah. Auch das edle Fahrzeuginnere – sein von Berufs wegen geschulter Blick registrierte glänzende Ledersitze und polierte Mahagoni-Armaturen – zeugte davon, dass seine Besitzerin kaum zur Riege der burschikosen Landfrauen gehörte. Eher zu den schicken Etepeteten aus der Stadt. Neugierig schaute der Kommissar in die Runde. Von der Fahrerin war jedoch weit und breit nichts zu sehen.

Mendelski bahnte sich seinen Weg durch die Jagdkorona. Er nickte manchem bekannten Gesicht zu, hielt sich jedoch an die Etikette. Wie es sich gehörte, suchte er zunächst nach dem Jagdherrn. Doch der war in dem Gewusel nicht leicht zu finden.

»Die Polizei, dein Freund und Helfer«, hörte er da plötzlich eine sonore Stimme hinter sich. Er drehte sich um und stand Forstamtsleiter Schrader gegenüber. Der grinste breit: »Schön, dass Sie meiner Einladung gefolgt sind, Herr Kommissar. Dann kann ja heute nichts mehr schiefgehen.«

Die beiden Männer begrüßten sich herzlich. Mendelski kannte Schrader von dem Fall ›Kohlfuchs‹[1]. Damals hatten sein Team vom Fachkommissariat 1 und er in Schraders Revier ermittelt, nachdem man nach einem Waldbrand die gefesselte Leiche eines Jägers gefunden hatte.

Mit fünfminütiger Verspätung hielt Schrader um 8.35 Uhr seine Begrüßungsrede. Die dicht gedrängte Jagdgesellschaft zählte etwa 50 Gäste, wie Mendelski schätzte. Nach den Regularien wies der Jagdherr darauf hin, dass wegen der außergewöhnlich

---

[1] Christian Oehlschläger: Der Kohlfuchs, 2006

warmen Witterung und der Gefahr der Verhitzung des Wildbrets in Sichtweite erlegte Stücke unverzüglich zu lüften seien. Hierbei wäre besondere Vorsicht geboten. Außerdem sollte das Schwarzwild wegen der Afrikanischen Schweinepest, die aus dem Osten Europas einzuwandern drohte, verstärkt bejagt werden. Die Jagdgäste hätten daher für Keiler jeglicher Stärke keine Jagdbetriebskosten zu entrichten.

»Meinen Lebenskeiler hab' ich schon vor vier Wochen gestreckt«, hörte Mendelski seinen Hintermann raunen. Als der Kommissar sich umdrehte, tippte der Fremde an seinen Hut, an dem ein kapitaler Saubart wippte. »In den Karpaten. Da reichen die Heidekeiler nicht ran ...«

»So so.« Mehr fiel Mendelski dazu nicht ein. Unwillkürlich fiel sein Blick auf die Frau neben dem Prahlhans. Rasch schaute er wieder nach vorn. ›Das muss die BMW-Fahrerin sein‹, ging es ihm durch den Kopf. ›Wusste gar nicht, dass Claudia Schiffer 'nen Jagdschein hat.‹

Zwanzig Minuten später erreichte Tina Koss ihren Sitz. Der klassische Ansitzbock stand auf einer Rückeschneise in einem lichten Kiefernstangenholz. Trotz der Verblendung mit frischem Fichtengrün im Sitzbereich leuchtete das Holzgestell in der tief stehenden Sonne weithin sichtbar. Der Bock aus hellem Nadelholz war erst letzte Woche fertig gestellt worden.

Eine Rückegassenentfernung weiter erstreckte sich eine der Moorkuhlen, von denen es hier im Jeversener Wald etliche gab: feuchte, häufig kugelrunde, fußballfeldgroße Niederungen, nur mit Heide, Gras und Torfmoosen bestandene Blößen. Die Grenze zum Nachbarrevier verlief unmittelbar hinter der Moorfläche. Tina Koss war über deren Verlauf per Landkarte und Einweisung durch den Gruppenführer informiert worden.

»Wo sitzt denn der nächste Schütze von hier aus?«, hatte sie den Forstwirtschaftsmeister gefragt, der sie angestellt hatte.

»Der nächstgelegene besetzte Sitz steht im Nachbarrevier. Hier sind Sie mutterseelenallein.«

»Und die Treiberwehr beginnt dort an der Grenze? Gleich um 9.30 Uhr?« Der Gruppenführer hatte nickend zugestimmt.

»Kommen danach noch weitere Treiber hier vorbei?«

»Nein. Bis ›Hahn in Ruh‹ um 12.30 Uhr sind Sie ganz allein auf sich gestellt. Beunruhigt Sie das?«

»Nein, nein«, hatte sie rasch eingelenkt. Hoffentlich war sie mit ihrer Fragerei nicht zu weit gegangen. »Um Gottes Willen. Ich liebe ... ich liebe das Alleinsein.«

Ihren BMW hatte Tina Koss auf dem nahen Grenzweg geparkt, einem gut ausgebauten Waldweg, zwischen zwei stubenhohen Stapeln aus Kiefernschichtholz. Damit das schmucke Auto nicht als Kugelfang herhalten musste.

Bevor sie auf den Sitz kletterte, schaute sie lächelnd an sich herunter. Die kneifenge Lederjeans und die dünne Bluse waren sicher nicht ganz das Ideale für eine Drückjagd – aber es gab ja noch anderes im Leben, ging es ihr durch den hübschen Kopf.

Nachdem sie sich auf dem Ansitzbock häuslich eingerichtet hatte, zückte Tina Koss ihr Smartphone. Es war kurz nach neun. Bisher lief alles nach Plan. Um halb zehn würde das Treiben beginnen, um Viertel vor zehn wären die Treiber bei ihr durch. Danach hätte sie zweieinhalb Stunden Zeit. Ungestört. Zweieinhalb Stunden, die es zu nutzen galt ...

Das Vibrieren des Mobiltelefons unterbrach ihre Gedanken und signalisierte eine neue WhatsApp-Nachricht.

Robert Mendelskis Ansitzbock stand an einem schmalen Äsungsstreifen, auf dem Waldstaudenroggen und Buchweizen eingesät waren. Um ihn herum bogen sich knorrige Altkiefern gen Osten. Ihre kurzen Stämme und deformierten Kronen zeugten von äußerst dürftigen Bodenverhältnissen. Heidesand also.

Trotz des mageren Standorts waren auch hier kürzlich Buchen und Roteichen gepflanzt worden. Auf den stadtwerkeeigenen Flächen diente dies ausschließlich dem Grundwasserschutz. Den Jägern war die Unterpflanzung Freud und Leid zugleich. Positiv war, dass dem Wild ein verbessertes Biotop durch ein höheres Äsungsangebot und optimale Deckung geboten wurde – negativ hingegen, dass durch den dichten Bewuchs die Sicht und somit das Jagen äußerst schwirig geworden war.

Mendelski kletterte die Leiter empor. Oben angekommen, stellte er die Büchse in die eine, den Rucksack in die andere Ecke. Bevor er das Sitzbrett in Position brachte, blickte er sich um.

Die jungen Laubbäume geben dem ansonsten eintönigen Nadelwald wunderschöne pittoreske Farbtupfer, freute sich der Kommissar. Insbesondere bei diesem Kaiserwetter. Ach ja, er konnte nun in Ruhe ›Indian summer‹ und ›Altweibersommer‹ im Internet recherchieren. Aber alles der Reihe nach.

Nachdem er das Sitzbrett auf die Halterung gelegt und zurecht geschoben hatte, setzte er sich. Nach vorn gebeugt kramte er Sitzkissen und Fernglas hervor. Thermoskanne und Brotdose ließ er zunächst im Rucksack, freute sich allerdings schon jetzt auf ein baldiges zweites Frühstück.

Als nächstes nahm er seinen 98er Stutzen auf, lud und sicherte ihn und legte die Waffe einsatzbereit auf die Brüstung. Es war ausdrücklich erlaubt worden, nach dem Einnehmen des Sitzes mit der Jagd zu beginnen – auch vor dem offiziellen Treiben.

Mendelski lauschte in den Wald hinein. Es gab nichts Verdächtiges zu hören. Kein Knacken eines Astes, kein raschelndes Laub – hervorgerufen durch ein sich näherndes Stück Wild. Das leise Rauschen in den Kronen der Altkiefern blieb ihm wegen seiner Tinnitusbeschwerden verborgen.

Ein erneuter Rundblick – dieses Mal mit dem Fernglas – machte ihn mit der Umgebung vertraut, in der er in den nächsten drei Stunden auf Beutejagd gehen würde. Er inspizierte den Wildacker, eine gut einsehbare Rückeschneise und eine Suhle. Nach längerem Suchen glaubte er, zwei Wildwechsel entdeckt zu haben und prägte sich diese ein.

Erst jetzt lehnte er sich entspannt zurück und schnaufte durch. Die erste Drückjagd der Saison konnte beginnen. Passend dazu fiel in der Ferne der erste Schuss.

Sie tippte gerade eine Antwort in ihr Smartphone, als der Schuss Tina Koss zusammenzucken ließ. Ein Schuss mit Kugelschlag. Er war in unmittelbarer Nähe gefallen, bei einem ihrer Nachbarn.

Rasch legte sie das Handy beiseite und griff zur Büchse.

Angespannt schaute sie in die Richtung, in der der Schuss gefallen war. Doch so sehr sie auch spähte und lauschte, es passierte nichts, alles blieb still. Keine Rotte Sauen tauchte auf, kein versprengtes Rotwild, kein einzelnes Reh.

Tina Koss tauschte erneut Büchse mit Smartphone. Sie hatte in der Zwischenzeit eine Antwort bekommen. Mit einem breiten Grinsen schaute sie sich das Foto an.

Es war das Selfie von einem Mann, der – das konnte man an dem Hintergrund sehen – wie sie gerade auf einem Ansitzbock saß. Die Jagdkappe, unter der schwarze Locken hervorquollen, war in den Nacken geschoben, die Augen blitzten schalkhaft. Den Zeigefinger der freien linken Hand hielt er verschwörerisch vor den Lippen.

»Jetzt aber genug herumgetippt«, murmelte sie im Selbstgespräch. »Wir sehen uns ja gleich.«

Ein unterdrückter Anruf ging ein.

Tina Koss las den Namen des Anrufenden mit versteinertem Gesichtsausdruck.

»Passt jetzt gar nicht«, flüsterte sie vornübergebeugt ins Telefon. »Du weißt doch, wo ich gerade bin.«

Doch ihr Gesprächspartner schien darauf keine Rücksicht zu nehmen, er redete ununterbrochen auf sie ein.

»Muss jetzt Schluss machen«, unterbrach sie ihn. »Hab ganz schlechten Empfang ... Außerdem beginnt das Treiben ...« Sie drückte das Gespräch weg.

»Mein werter Gatte ... der hat mir gerade noch gefehlt«, echauffierte sie sich, beruhigte sich jedoch schnell wieder. Fröstelnd knöpfte sie ihre Jacke zu.

Der Blick auf die Zeitangabe im Smartphone verriet, dass sie geflunkert hatte.

Es war 9.20 Uhr. Das Treiben startete erst in zehn Minuten. Also noch genügend Zeit, um - unter anderem - im Internet nach ›einen Bären aufbinden‹ und ›Afrikanische Schweinepest‹ zu suchen. Dort las sie:

> »Der Ausdruck ›jemanden eine Bären aufbinden‹ ist eigentlich umgangssprachlich und bedeutet ›eine unwahre Geschichte erzählen‹. Die Redewendung geht wahrscheinlich davon aus, dass es quasi unmöglich ist, jemandem einen leibhaftigen Bären auf den Rücken zu binden, ohne dass es der Betroffene merkt.«

Klingt nicht gerade spannend, befand Tina Koss.

Sie musste trotzdem kurz schmunzeln, als sie auf dem Display den Cartoon betrachtete. Dort trug ein kleines Strichmännchen einen riesigen Bären auf dem Rücken.

Dann gab sie ›Afrikanische Schweinepest‹ ein.

Doch bevor sie die erste Seite öffnen konnte, ließ sie ein Geräusch aufhorchen. Ein Motorengeräusch. Sie spähte durch die Bäume hindurch Richtung Waldweg und entdeckte dort drei langsam fahrende Autos. Als sie zum Fernglas griff, verschwanden die Fahrzeuge hinter einer Kuppe.

Das werden die Treiber sein, vermutete Tina Koss. Es konnte also losgehen.

Robert Mendelski knurrte der Magen. Das war auch wenig verwunderlich. Sein erstes Frühstück, ein Marmeladenbrötchen und ein Becher Tee, lag drei Stunden zurück.

Wie ihn seine Gruppenführerin, eine junge Forst-Praktikantin, informiert hatte, würde die Treiberwehr frühestens in einer Stunde bei ihm vorbeikommen. Außerdem herrschte in seinem Beritt absolute Ruhe.

Die sieben Schüsse, die er bisher gehört hatte, waren sämtlich in der Ferne abgegeben worden.

Kurzentschlossen angelte er Brotdose und Thermoskanne aus dem Rucksack. So leise es irgend ging, öffnete er die Verschlüsse und begann zu essen.

Nebenbei betätigte er das Smartphone, das auf dem rechten Oberschenkel ruhte. Nachdem er einen Gruß an seine Frau Carmen zu Hause in Boye gesendet hatte, öffnete er die Suchmaschine.

Auf Wikipedia las er:

> »Als Indian Summer bezeichnet man eine ungewöhnlich trockene und warme Wetterperiode im späten Herbst auf dem nordamerikanischen Kontinent. Das Phänomen wird begleitet von einem strahlend blauen Himmel, warmer Witterung und einer besonders intensiven Blattverfärbung in den Laub- und Mischwäldern.«

Okay, das passte ja für die heutige Wetterlage wie die Faust aufs Auge.

Nachdem er einen Kontrollblick in die Runde getätigt und nichts Auffälliges bemerkt hatte, scrollte er weiter:

»Die Wortherkunft von Indian Summer ist ungeklärt, obwohl verschiedene spekulative Ansichten in der Literatur – und mehr noch im Internet – verbreitet werden. Die Wortschöpfung könnte zum Beispiel von der Haupt-Jagdsaison der nordamerikanischen Indianer im Herbst abgeleitet sein, aber auch von der günstigen Witterung, die Überfälle der Indianer auf Siedler noch vor dem Einsetzen des Winters begünstigte.

Die Irokesen erzählen sich die Legende von der Jagd auf den großen Bären. Jeden Herbst verfolgen zwei Jäger den großen Bären, dessen magische Kraft ihn hoch in den Himmel trägt. Doch die unermüdlichen Jäger und ihr Hund folgen ihm auch dorthin und erlegen ihn nach langer Hatz. Das Blut des Bären tropft auf die Erde und färbt die Blätter des Ahornbaumes rot. Wenn man zum Himmel sieht, kann man den Großen Bären, das aus vier Sternen gebildete Trapez im Sternbild des großen Wagens, und dicht dahinter die beiden Jäger und ihren Hund, die drei Deichselsterne, erkennen.«

»Blutrünstig, aber interessant«, murmelte Mendelski zwischen zwei Bissen. »Werde beim nächsten Sternenhimmel mal auf die Deichselsterne achten.«

Eine WhatsApp-Antwort von Carmen unterbrach seinen Exkurs in die Sternenkunde.

Tina Koss kam an diesem Tag nicht mehr dazu, nach ›Afrikanischer Schweinepest‹ im Internet zu forschen. Die folgenden Ereignisse – es ging Schlag auf Schlag – ließen das nicht zu.

Die Treiberwehr hatte gerade erst ihren Ansitzbock und die Moorkuhle passiert und war im Begriff, hinter den Bäumen zu verschwinden, als der Überläufer plötzlich auftauchte. Wie aus dem Nichts. Ein einzelner Überläuferkeiler von geschätzt 40 Kilogramm. Er verhoffte am Rand der Moorkuhle und sicherte. Keine fünfzig Schritte entfernt. Seine ganze Aufmerksamkeit galt der lautstarken Treiberwehr, die sich langsam entfernte.

»Husch!«, zischte sie leise. »Mach dich vom Acker.«

Tina Koss machte keinerlei Anstalten, nach der Büchse zu greifen. Stattdessen holte sie aus der Brusttasche der Jacke Lippen-, Kajalstift und Handspiegel hervor.

»Los! Ich hab' Besseres vor.«

Der Überläufer dachte nicht daran, weiter zu laufen. Das Hundegekläff und das Rufen der Treiber wurden leiser, das Wildschwein fühlte sich nicht mehr bedroht. Die Jägerin auf dem nahen Ansitzbock schminkte sich indessen in aller Ruhe.

»Bist ja immer noch da«, murmelte sie kurze Zeit später, während sie die Schmink-Utensilien auf das Sitzbrett neben sich legte und zur Büchse griff. »Ich muss gleich los.«

Um durch das Gefuchtel mit dem Gewehr das Keilerchen in Gang zu bringen, backte sie an.

»Na, lauf schon.« Sie hatte ihn spielend leicht im Fadenkreuz. Der Überläufer schien immer noch zur Salzsäule erstarrt.

»Bist wohl lebensmüde«, entfuhr es ihr jetzt ziemlich laut. »Los! Abflug!« Doch das Schwein blieb stur.

Tina Koss vermochte später nicht zu erklären, warum sie plötzlich anders als geplant handelte. Ärgerte sie sich über das dumme Stück Schwarzwild da unten und wollte es dafür bestrafen? War sie plötzlich vom Jagdfieber gepackt? Oder wollte sie ihren Beitrag zur Eindämmung der Afrikanischen Schweinepest leisten?

Jedenfalls ließ sie die Kugel fliegen.

Wieder ein Schuss in der Ferne.

Mendelski hatte bislang 27 gezählt. Er streckte seine steifen Glieder und gähnte. Außer zwei hochflüchtigen Rehen und einem langsam vorbei hoppelnden Hasen war bei ihm nichts vorbeigekommen.

Er schenkte sich den Rest Kaffee aus der Thermoskanne ein und griff erneut zum Smartphone.

›Altweibersommer‹: Er las, dass es sich um ein bekanntes Wetterphänomen im September/Oktober handelte. Ihn interessierte in erster Linie die Herkunft des Begriffs ›Altweiber‹. Es gab – wie so oft – mehrere Erklärungen. Die mit den Spinnfäden gefiel ihm am besten. Spinnfäden, mit denen junge Baldachinspinnen im Herbst durch die Luft segeln. Der Flugfaden, den die Spinnen produzieren und auf dem sie durch die Luft schweben, erinnert die Menschen an das graue Haar alter Frauen.

Interessiert las Mendelski weiter. Das Landgericht Darmstadt hatte 1989 festgestellt, dass die Verwendung des Ausdrucks ›Altweibersommer‹ durch die Medien keinen Eingriff in die Persönlichkeitsrechte von älteren Damen darstellt. Eine Frau hatte geklagt. Was es alles gibt ...

Plötzlich war Wild da.

Ganz nah.

Rotwild.

Mendelski sah es aus den Augenwinkeln. Keine zwanzig Schritt entfernt. Er hatte es nicht kommen hören.

Verfluchter Tinnitus. Oder ein verdammt schlaues Leittier. Es waren drei Stück. Alttier, Schmaltier, Kalb. Der typische Verband weiblichen Rotwildes. Mendelski wagte nicht, den Kopf zu heben, geschweige denn nach der Büchse zu greifen.

Als sie sich dem Ansitzbock noch weiter näherten, bekam das Leittier plötzlich Wind von dem relativ niedrig sitzenden Jäger. Wildes Getrappel und gewaltige Fluchten waren die Folge. Sekunden später war Mendelski wieder allein.

Der Überläufer lag im Feuer.

Tina Koss freute und wunderte sich gleichermaßen. Einerseits hatte sie nicht vorgehabt, heute Strecke zu machen. Jedenfalls nicht auf diese Art und Weise. Andererseits war sie eine passionierte Jägerin, die sich solch eine Chance nicht entgehen lassen konnte. Sie beglückwünschte sich zu dem guten Schuss.

Nachdem sich ihr Pulsschlag beruhigt hatte und das Jagdfieber abgeebbt war, stieg sie vom Sitz. Mit dem Jagdknicker in der einen und dem Smartphone in der anderen Hand lief sie zu dem erlegten Stück Schwarzwild.

Obwohl der Überläufer in einer Mulde lag und vom Boden schwer einsehbar war, fand sie ihn ohne Probleme. Das Stück hatte einen sauberen Blattschuss.

Die stolze Erlegerin machte ein paar Fotos mit dem Handy. Eins davon verschickte sie per WhatsApp.

»Da wunderst du dich, nicht wahr?«, sprach sie mit Blick auf das Display. »Ja, Frauen sind im Gegensatz zu euch Männern multitaskingfähig. Wir können mehrere Dinge gleichzeitig.«

Ohne auf eine Antwort zu warten, beugte sich Tina Koss über den Überläufer und drehte ihn auf den Rücken. Danach zückte sie ihr Messer und schärfte die Bauchdecke bis zum Brustbein auf. Mit einem Ast, den sie von einer jungen Birke abschnitt, spreizte sie die Öffnung. Durch das vom Jagdherrn geforderte Lüften war gewährleistet, dass das Stück auskühlen konnte. Bis zur endgültigen Versorgung am Mittag würde das Wildbret so keinen Schaden nehmen.

Bevor sie zu ihrem Sitz zurückging, brach sie ein paar Schößlinge vom nächstbesten Faulbeerbusch und verblendete damit das Wildschwein vorbildlich.

Ein kurzes Brummen in ihrer Jackentasche signalisierte, dass sie eine Nachricht bekommen hatte. Sie zog ihr Handy hervor und las: »Wmh! – Aber jetzt komm endlich. Ich warte schon beim Auto.«

Bei Robert Mendelski tat sich nicht viel. Seitdem das Rotwild mit viel Radau verschwunden war, herrschte bei ihm Ruhe. Lediglich ein gefiederter Waldbewohner sorgte kurzzeitig für Unterhaltung. Sein Klopfen übertönte die Schüsse, die in der Ferne fielen: Ein Grünspecht hatte sich in einer benachbarten Kiefer mit Kienzopf niedergelassen, um in der trockenen Krone nach Nahrung zu suchen.

Die Schüsse wurden deutlich weniger, befand Mendelski. Seine Buchführung war mittlerweile bei 34 angelangt. Aber das kannte er schon von anderen Drückjagden. Anfangs ging es meist ordentlich rund. Das Wild wurde durch Treiber und Hunde in Gang gebracht und kam so den Jägern vor die Büchse. Zunächst noch einigermaßen vertraut und langsam, später hochflüchtig. Im weiteren Verlauf der Jagd lernte das Wild, mit Treiberwehr und Hunden umzugehen.

Auch wenn bei Mendelski im Moment nicht viel los war, hieß es dennoch, wachsam zu bleiben. Denn wie aus dem Nichts konnte urplötzlich ein versprengter Frischling oder ein einzelnes, sich an der Treiberwehr vorbeigeschlichenes Reh auftauchen.

Da! War da nicht eben ein Pfiff zu hören. Und ein Rufen?

Mendelski griff zum Fernglas. Sollten etwa endlich die längst von ihm erwarteten Treiber ... Ein Knacken ließ ihn zusammenfahren. Es kam aus den jungen Buchen vor ihm. Rasch tauschte der Jäger Fernglas mit Büchse. Routiniert entsicherte er die Waffe.

Verdächtig wackelnde Zweige verrieten ihm, dass da jeden Augenblick etwas auf den Waldweg austreten müsste. Sau oder Reh?

Einen Treiber schloss Mendelski aus, dazu waren die Buchen noch zu niedrig, der hätte oben herausgeguckt.

Gespannt harrte er der Dinge, die da kommen würden. Er wagte kaum zu atmen.

Wenige Augenblicke später stand der braune Vierbeiner auf dem Waldweg. Und kläffte. Ein zotteliger Wachtel mit Warnweste und Funkantenne. Mit einem Stoßseufzer ließ Mendelski die Büchse sinken.

Plötzlich hatte es Tina Koss sehr eilig. Schnellen Schrittes hastete sie zum Ansitzbock zurück und stieg hinauf. Den Jagdknicker, den sie nur oberflächlich im Gras saubergewischt hatte, legte sie aufs Sitzbrett und griff nach dem Fernglas. Ein Kontrollblick in die Runde zeigte ihr, dass niemand in der Nähe war.

»Die Büchse nehme ich vorsichtshalber mit«, murmelte sie im Selbstgespräch. »Der Rest kann hierbleiben. Bin ja bald wieder zurück.«

Gesagt, getan. Mit der Waffe über der Schulter kletterte sie die fünf Stufen der Leiter hinab. Rucksack, Fernglas und Jagdknicker ließ sie auf dem Sitz zurück.

Sie eilte zu ihrem Auto. Dabei schaute sie sich immer wieder um. Während des Treibens den Sitz zu verlassen, war eigentlich nur gestattet, um ein in Sichtweite erlegtes Stück zu lüften. Das hatte sie bereits getan. Dass Tina Koss die weite Strecke zu ihrem BMW lief, war ungewöhnlich – und höchst fahrlässig.

Am Auto angekommen, entriegelte sie das Fahrzeug und legte die Büchse auf die Rückbank. Ein kurzer Blick in den Rückspiegel zeigte Schweißperlen und verklebte Haare an den Schläfen. Stirnrunzelnd ließ sie es dabei bewenden.

Leise verschloss sie die Autotüren und schlich im Schatten der aufgeschichteten Holzbänke den Waldweg entlang. Holzstapel an

Holzstapel reihte sich aneinander. Der mit Schotter befestigte Wirtschaftsweg, der als Reviergrenze diente, war der einzige, ganzjährig befahrbare, Lkw-fähige Waldweg weit und breit. Hier lagerte die üppige Ausbeute von 30 Hektar Durchforstungsfläche.

Nach einem besonders langen Holzpolter von über vierzig Metern Länge führte ein schmaler Abzweig gen Norden in das Nachbarrevier. Hier verließ Tina Koss die schützenden Holzstapel und bog ab.

Keine zwanzig Meter entfernt stand ein Auto. Gut getarnt neben einer stubenhohen Fichtenreihe. Ein Range Rover mit getönten Scheiben. Tina Koss lief schnurstracks auf das Auto zu, wählte die Beifahrerseite und öffnete die Tür. Nachdem sie eingestiegen war, schloss sich lautlos die Tür hinter ihr.

Der zottelige Wachtel war längst weiter gezogen, da tauchte die Treiberwehr auf. Robert Mendelski zählte acht Leute in vorschriftsmäßiger Signalkleidung. Wenn er richtig hingeschaut hatte, waren zwei Durchgehschützen und drei Frauen darunter. Zu den acht Treibern kamen fünf Hunde – ohne den Wachtel also drei Terrier, ein Drahthaar und eine helle, undefinierbare Promenadenmischung. Auch die vierbeinigen Jagdhelfer trugen durchweg Sicherheitswesten.

Die Treiberwehr war noch nicht ganz seinen Blicken entschwunden, als Mendelski eine plötzliche Müdigkeit befiel. Gestern Abend waren Carmen und er in Celle im Kino gewesen und hatten einen Film mit Überlänge angesehen. Erst gegen Mitternacht waren sie heimgekehrt, dementsprechend kurz war die Nachtruhe gewesen.

Sporadisch hörte man noch die Treiberrufe und die Pfiffe nach den Hunden. Doch Robert Mendelski war schon eingenickt.

Es hätte keiner getönten Scheiben bedurft, um einen Blick ins Innere des Range Rovers zu unterbinden. Die Autoscheiben waren von innen so beschlagen, dass auch diejenigen, die sich im Inneren des Wagens befanden, nicht mehr hinausgucken konnten. Den beiden Insassen, einer Frau und einem Mann, konnte dieser Umstand nur recht sein. Nach und nach hatten sie den größten Teil ihrer Kleidung abgelegt, um einer intimen Beschäftigung nachzugehen.

Sie waren so sehr mit sich und ihrer Lust beschäftigt, dass sie den schwarzen Toyota Land Cruiser nicht bemerkten, der neben ihrem Auto zum Stehen kam.

Nur Sekunden später wurde das heimliche Liebesspiel jäh unterbrochen.

Jemand klopfte nachdrücklich an das Seitenfenster.

Die letzte Stunde war für Robert Mendelski die längste.

Nur selten hatte er Jagden erlebt, die durchgehend kurzweilig und spannend waren. Meist hatte sich das Wild nach einiger Zeit auf den Jagdbetrieb eingestellt oder tauchte in sichere Gefilde ab, zum Beispiel in die Nachbarschaft, wo nicht gejagt wurde. So auch heute. Zwischen 11.30 und 12.30 Uhr fielen so gut wie keine Schüsse mehr.

Mendelski, der das Ende der Jagd eher schlafend und dösend als wachsam spähend verbracht hatte, baumte pünktlich ab. Zwanzig Minuten später wurde er an einer Waldwegkreuzung von seiner Gruppenführerin, der Praktikantin, mit deren Auto abgeholt. Sein eigenes Fahrzeug hatte Mendelski morgens am Treffpunkt beim Modellflugplatz zurückgelassen.

»Na, Waidmannsheil gehabt?«, fragte die angehende Försterin durch die heruntergekurbelte Seitenscheibe.

Mendelski schüttelte den Kopf. »Leider nein.« Er ging um das Auto herum. Nachdem er eingestiegen war, berichtete er von der kurzen Begegnung mit dem Kahlwild.

»Schade eigentlich«, erwiderte die Praktikantin. »Aber Sie haben es ja selbst erlebt: So ein Alttier kann schon verdammt clever sein.«

»Ist das Kahlwild denn woanders beschossen worden?«

»Soweit ich weiß nicht.« Das Auto setzte sich in Bewegung.

»Und keine Sauen?«, wollte die Fahrerin wissen.

Mendelski verneinte erneut. »Bei mir jedenfalls nicht. Aber es sind ja ein paar Schüsse gefallen«, räumte er ein. »Knapp vierzig, schätze ich.«

»Ja. Es liegt auch so einiges. Von fünf Schweinen und sechs Rehen weiß ich bereits.«

»Na, dann wird Herr Schrader ja zufrieden sein. Ist Streckelegen wieder am Schalthaus Ost?«

»Same procedure as every year«, erwiderte die Praktikantin in akzentfreiem Englisch und breit grinsend. »Wo sonst?«

Sie ließen den Waldweg hinter sich und bogen auf eine Asphaltstraße ein.

»Vielleicht können wir kurz mein Auto holen?«, fragte Mendelski. »Dann muss ich nicht noch einmal chauffiert werden.«

»Gerne.«

Der Forstwirtschaftsmeister, der Tina Koss am Morgen zu ihrem Ansitzbock gebracht hatte, wunderte sich. Er hielt mit seinem Pick-up auf dem Waldweg, wenige Meter vom BMW X3 entfernt. Auf der Ladefläche lagen zwei tote Frischlinge. Doch von der Jägerin, die er hier einsammeln sollte, war weit und breit nichts zu sehen.

»Vielleicht macht sie 'ne Nachsuche auf eigene Kappe«, sagte der Grünrock auf dem Beifahrersitz.

»Hoffentlich nicht«, erwiderte der Forstwirt. »Sonst gibt's Ärger mit der Jagdleitung.«

»Oder sie bricht gerade ein Stück auf.«

»Das wäre auch nicht gut. Es soll zentral am Streckenplatz aufgebrochen werden. Kommen Sie, wir schauen mal nach.«

Die beiden Männer stiegen aus. Beim Blick in den BMW entdeckten sie die Waffe auf der Rückbank.

»Seltsam, ihre Büchse liegt da. Sie muss hier gewesen sein.«

Erneut schauten die beiden Männer sich um. Nichts. Sie riefen in die Runde. Keinerlei Reaktion.

»Vielleicht ist sie mal kurz für ›kleine Mädchen‹«, sagte der Jäger. »Und traut sich nicht zu antworten.«

»Kurz ist was anderes.«

»Haben Sie nicht ihre Handynummer?«

»Nein. Könnte ich aber herausbekommen.« Der Forstwirtschaftsmeister überlegte. »Vorher sollten wir noch zum Ansitzbock gehen. Vielleicht hat sie dort was vergessen.«

Als die beiden Männer fünf Minuten später den Hochsitz erreichten, staunten sie nicht schlecht. Da stand der Rucksack in der Ecke, auf dem Sitzbrett lag das aufgeklappte Filzkissen, daneben Fernglas und Jagdknicker. Letzeren nahm der Forstwirtschaftsmeister in die Hand.

»Hier klebt noch frischer Schweiß«, murmelte er. »Sie wird etwas geschossen haben. Bloß, wo steckt sie jetzt?«

Vom Hochsitz hatten sie einen guten Rundumblick. Doch von der Jägerin, geschweige denn von einem erlegten Stück Wild, war nichts zu sehen.

»Ist das wirklich Schweiß?« Der Jäger ließ sich das Messer reichen. »Könnte das nicht auch Menschenblut sein?«

»Jetzt malen Sie mal nicht den Teufel an die Wand.« Der Forstwirtschaftsmeister wurde langsam nervös.

»Ich ruf mal lieber die Jagdleitung an«, sagte er. »Hier stimmt was nicht.«

Um das Auto zu holen, fuhren sie den Schlenker zum Modellflugplatz. Die Praktikantin wartete, bis Mendelski mit seinen Jagdutensilien umgestiegen und zur Abfahrt bereit war. Danach lotste sie ihn zum Streckenplatz.

Wie all die Jahre zuvor sollte die Strecke neben einem Haus mitten im Wald gelegt werden. Das sogenannte ›Schalthaus Ost‹, ein zweistöckiges Gebäude mit roten Ziegeln aus den Zwanzigern, hatte früher den Stadtwerken zum Betrieb und zur Steuerung der mächtigen Wasserpumpen gedient, die das Trinkwasser nach Hannover förderten. Jetzt stand das Haus weitgehend leer.

Auf dem Grünstreifen vor dem eingezäunten Gelände parkten erst wenige Fahrzeuge. Die meisten von ihnen gehörten zu den Treibern, Hundeführern und Durchgehschützen. Die Jäger, die angesessen hatten, mussten erst abgeholt werden; einige waren damit beschäftigt, erlegtes Wild zu bergen, andere mussten Anschüsse markieren.

Mendelski fand den Streckenplatz vorbildlich hergerichtet. Gleich neben der Zufahrt breitete sich ein zehn mal zehn Meter großer Teppich aus Fichtenzweigen aus. An jedem der vier Eckpunkte stand ein Schwedenfeuer. Für den Fall, dass die Fläche nicht ausreichen würde, lag ein Stapel Zweige als Reserve etwas abseits unter einer Eiche. Dort waren auch an die dreißig Brüche deponiert, wiederum von der Rotfichte. Die Jagdleitung hatte ziemlich optimistisch vorgesorgt.

Im Windschatten des Schalthauses standen feinsäuberlich aufgereiht sechs Bierzeltgarnituren fürs Mittagessen. Gleich daneben, an der Rückwand des Gemäuers, waren diverse Getränkekisten aufgestapelt.

Um die Wartezeit zu verkürzen, machte Mendelski sich nützlich und half der Praktikantin, ein Lagerfeuer zu entfachen. Ein fröhlich loderndes Feuer gehörte zum Ausklang der Jagd einfach dazu. Die wartenden Jäger und Treiber stellten sich im Kreis, starrten in die Flammen und palaverten Jägerlatein.

»Hat noch jemand von euch heute den Adler gesehen?« Der Treiber, der diese Frage stellte, hatte mindestens siebzig Jahre auf dem vom Alter gerundeten Buckel. In seinem wettergegerbten Gesicht funkelten keck zwei leuchtend blaue Augen. Sie gaben ihm etwas Lausbubenhaftes.

Die anderen verneinten. Auch Mendelski schüttelte den Kopf.

»Um welchen Adler geht es denn?«, fragte die Praktikantin interessiert.

»Den Seeadler«, erwiderte der Treiber. »Ist seit zwei Jahren hier wieder heimisch. Brütet im Staatsforst bei Fuhrberg. Wird aber geheim gehalten, wo genau.«

»Und den haben Sie heute gesehen?«

»Genau. Gleich zu Beginn des Treibens. Hockte am Luderschacht. Als ich näher kam, hat er sich davon gemacht. Natürlich mit Beute. Er hatte ein halbes Reh dabei.«

»Halbes Reh?«, wunderte sich die Praktikantin.

»Ja. Wahrscheinlich Fallwild. Seeadler sind faule Jäger. Deshalb lieben sie Aas.«

»Aber ein halbes Reh ... Ist das nicht viel zu schwer?«

»Nee. Neulich ist im Wettmarer Wald ein Seeadler mit einem toten Ferkel gesichtet worden. Von weitem soll es ausgesehen haben, als trüge er ein nacktes Menschenbaby.«

»Brrrr!« Die Praktikantin schüttelte sich. »Jetzt erzählen Sie doch nicht solche Schauermärchen.«

Ein vorfahrender weißer Lieferwagen unterbrach das Gespräch. Die Beschriftung an den Türen machte Werbung für einen Schlachtereibetrieb in Wietze. Der Metzger lieferte die bestellte Gulaschsuppe.

»Was wollen Sie? Die Handynummer von Tina Koss? Wozu das denn?«

Jagdleiter Schrader, der gerade dabei war, mit drei anderen Jägern ein Stück Rotwild auf einen Anhänger zu hieven, hatte sein Handy mit der linken Hand aus der Brusttasche gefingert. Mit der rechten hielt er einen Vorderlauf des Schmaltiers.

»Wie, verschwunden?« Gemeinsam legten sie das Stück auf der Ladefläche ab, danach hatte er wieder beide Hände frei.

Das Smartphone wechselte von der linken in die rechte Hand. Schraders Gesichtsausdruck verriet Verwunderung. »Verschwunden? Einfach so?«

Die anderen in der Runde hielten inne. Neugierig verfolgten sie das Telefonat.

»Aber das gibt's doch gar nicht!« Schrader machte ein paar Schritte von den anderen weg. »Sie wird schon am Streckenplatz sein. Wahrscheinlich hat sie irgend jemand aufgesammelt.«

Sein Blick war in die Ferne gerichtet, den Waldweg entlang, auf dem immer mehr Jäger auftauchten, während er konzentriert zuhörte.

»Ihr Auto? Und die Waffe ist auch da?« Er überlegte einen kurzen Moment. »Vielleicht hat sie sich ausgeschlossen und organisiert gerade den Reserveschlüssel. Ich rufe sie mal an. Melde mich gleich zurück.«

Es war mit der Jagdleitung abgesprochen, dass die Treiber und Durchgehschützen schon mit dem Essen beginnen konnten, auch wenn die übrigen Jäger noch nicht eingetroffen waren. Die Jagdhelfer hatten die Stärkung am ehesten nötig. Hungrig füllten sie ihre Teller und griffen nach den Brötchen. Aber auch die Jäger, die schon am Streckenplatz waren, bedienten sich bereits.

Die Praktikantin, die Mendelski gegenüber saß, wollte gerade in ihr Brötchen beißen, als sich ihr Mobiltelefon mit einem Hirschruf-Klingelton meldete. Sie erhob sich von der Bank.

»Frau Koss?« Sie schaute in die Runde. »Nein, die ist hier noch nicht aufgetaucht. Aber warte mal. Ich schau mal um die Ecke. Vielleicht kommt sie ja gerade.«

Die junge Frau machte ein paar Schritte, um die Zufahrt zum Schalthaus einsehen zu können. »Nein, kann sie nicht entdecken. Was ist denn passiert?«

Aufmerksam lauschte sie ins Telefon. »Sonderbar ... Weiß Schrader schon Bescheid?« - »Okay, ich melde mich umgehend, wenn sie hier eintrifft.«

Zurück am Tisch fragte Mendelski sie scheinheilig: »Na, wird jemand gesucht?« Obwohl er mitbekommen hatte, dass es sich um Frau Koss handelte, stellte er sich unwissend. Eine erprobte Taktik, die er gern bei Verhören anwandte.

Die Praktikantin beugte sich ein Stück vor und sprach leise: »Ja, Frau Koss ist verschwunden. Ihr Auto steht im Wald, dort, wo sie vor der Jagd ausgestiegen ist. Die Büchse liegt auf der Rückbank. Rucksack, Sitzkissen etc. haben sie auf dem Ansitzbock gefunden.«

»Und sie geht nicht an ihr Handy?«

»Keine Ahnung. Der Jagdleiter wollte sie anrufen. Bei mir hat sich der Forstwirtschaftsmeister gemeldet, der gerade vor Ort ist.«

»Hm«, brummte Mendelski, während er seinen leeren Teller zur Seite schob. »Solche Vermisstenfälle kenn ich zur Genüge. Wird sich in Wohlgefallen auflösen.«

»Hoffentlich.«

Erneut der Hirschruf. Dieses Mal nahm sie das Gespräch im Sitzen an. »Ich weiß bereits Bescheid.« Sie schaute Mendelski in Gesicht. »Ja, der sitzt mir gegenüber.« Sie nickte. »Gut, machen wir. Bis gleich.«

Die Praktikantin beugte sich erneut zu Mendelski hinüber. »Wenn Sie einverstanden sind, soll ich Sie zum Jagdleiter bringen.« Sie blickte verschwörerisch drein. »Ihr kriminalistischer Spürsinn ist gefragt.«

Als sie zehn Minuten später am Grenzweg eintrafen, hatte sich dort inzwischen eine größere Gruppe Jäger eingefunden. Aus deren Mitte trat ihnen Schrader entgegen. »Gut, dass Sie kommen«, empfing er Mendelski. »Es gibt beunruhigende Neuigkeiten. Einer der Jäger hat das Handy von Tina Koss gefunden. Mitten auf dem Waldweg, keine fünfzig Meter von hier.«

»Immer schön der Reihe nach«, versuchte der Kommissar den Jagdleiter zu beruhigen. »Erzählen Sie bitte möglichst chronologisch, was sich zugetragen hat.«

»Da gibt es nicht viel zu erzählen.« Schrader atmete einmal tief durch. »Also gut. Tina Koss ist heute Morgen gegen 9.10 Uhr vom Forstwirtschaftsmeister hierher gebracht worden. Nach kurzer Einweisung, wo sie ihr Auto parken, wie sie ihren Ansitzbock finden und wo die Reviergrenze verlaufen würde, hat er sich von ihr verabschiedet – mit den eindringlichen Worten, dass er sie nach ›Hahn in Ruh‹ hier an Ort und Stelle abholen würde. Aus Sicherheitsgründen sollte sie nicht eigenständig zum Streckenplatz fahren. Doch es kam anders als gedacht. Als er gegen 12.40 Uhr zusammen mit einem anderen Jäger hier auftauchte, war Tina Koss nicht da.«

»Hm – ihr Auto stand verschlossen, die Büchse befand sich auf der Rückbank, habe ich gehört?«

»Genau. Außerdem lagen auf dem Ansitzbock Rucksack, Sitzkissen und ein Jagdknicker. So, als ob sie nur mal kurz zum Austreten hinter den Büschen war.«

»In einer der Moorkuhlen da drüben?« Mendelski wies mit dem Kopf zu der Freifläche im Osten. »Kann man da versinken?«

»Ja, schon.« Schrader tippte sich ans Knie. »Aber höchstens einen halben Meter tief. Ich habe schon zwei Forstwirte losgeschickt. Sie sollen die Moorlöcher absuchen.«

»Sonst noch was Besonderes?«

»Ja. Am Knicker klebte Schweiß – oder Blut. Da müssen Sie uns eventuell weiterhelfen.«

»Hat Tina Koss was geschossen?«

»Keine Ahnung. Bisher deutet nichts darauf hin.«

In diesem Augenblick unterbrach sie ein gellender Pfiff. Einer von den beiden Forstwirten, die die Moorkuhlen absuchen sollten, machte auf sich aufmerksam.

»Hier liegt was!«, brüllte er durch den Wald, »'ne tote Sau!«

»Sie wird das Schwein gleich heute Morgen geschossen haben«, mutmaßte Schrader, während er die Zweige vom Wildkörper entfernte. »Das Stück ist schon ziemlich ausgekühlt.«

»Vorschriftsmäßig gelüftet.« Mendelski ging in die Knie, um besser sehen zu können. »So, wie von Ihnen heute Morgen bei der Begrüßung gefordert.«

»Das erklärt auch den Schweiß am Knicker.« Der Jagdleiter schnaufte einmal tief durch. »Puh, bin ich froh, dass wir Menschenblut am Messer mit hoher Wahrscheinlichkeit ausschließen können.«

Mendelski, dessen lädierte Hüfte sich bemerkbar machte, schraubte sich langsam wieder in die Höhe. »Trotzdem möchte ich, dass erst einmal niemand den Knicker berührt. Bis Frau Koss wieder aufgetaucht ist, sind alle Spuren zu sichern.«

»Da spricht der Kommissar.« Schrader wandte sich zum Gehen. »Genau deshalb habe ich Sie rufen lassen.«

Im Entenmarsch folgten sie dem Wildwechsel, der zurück zum Grenzweg führte.

»Kann ich das gefundene Handy mal sehen?«, fragte Mendelski, als sie auf den Waldweg traten.

»Sicher.« Schrader fingerte ein Smartphone aus der Tasche und reichte es dem Kommissar. »Ist ziemlich ramponiert.«

Um so wenige Fingerabdrücke wie möglich zu hinterlassen, griff Mendelski mit spitzen Fingern zu. Er klappte die weiße Lederhülle auf und studierte das gesplitterte Display.

»Das nenn' ich Totalschaden«, seufzte er.

»Es lag genau in der Fahrspur«, erklärte Schrader. »Wahrscheinlich ist ein Auto drübergefahren.«

»Und woher wissen Sie, dass es sich um das Handy von Tina Koss handelt?«

»In der Hülle stecken Visitenkarten. Drei Stück. Sämtlich von ihr.«

»Okay. Ich nehme es an mich. Zur Not müssen da unsere Techniker ran ...«

Ein Mobiltelefon bimmelte dazwischen. Schrader griff erneut in die Jackentasche.

»Schmidt? Agnes Schmidt?« fragte er, während er einen Schritt zur Seite ging. »Habe verstanden. Ja, was gibt's?« Mendelski verstaute derweil das lädierte Handy in einer leeren Plastiktüte, die er für sein Frühstücksobst gebraucht hatte. Die übrigen Jäger standen unschlüssig daneben, ein Hund kläffte.

»Das gibt's doch nicht!« Schrader trat zurück zu Mendelski, um dessen Aufmerksamkeit zu bekommen. »Sind Sie sich da ganz sicher? Moment, ich stelle das Telefon mal auf laut. Neben mir steht zufällig ein Kriminalkommissar.«

Nachdem er eine bestimmte Taste gedrückt hatte, forderte Schrader seine Gesprächspartnerin auf: »Bitte wiederholen Sie, Frau Schmidt, was Sie mir gerade erzählt haben.«

»Also ... dann ... nun bereits zum dritten Mal.« Die weibliche Stimme klang schrill und ziemlich aufgeregt. »Um 10.44 Uhr heute Morgen ging auf meiner Mailbox eine seltsame Nachricht ein. Von Tina, Tina Koss, meiner besten Freundin.« Sie hustete, wahrscheinlich vor Aufregung. »Es war keine richtige Nachricht, sondern lediglich so ein Mitschnitt, eine Sequenz. Tina ist wahrscheinlich aus Versehen auf meine Nummer gekommen und hatte mich kontaktiert. Da ich mein Handy ausgeschaltet hatte, sprang meine Mailbox an. Die hat dann alles aufgezeichnet. Bestimmt eine Minute lang.« Wieder hustete sie.

Mendelski beugte sich über das Smartphone in Schraders Hand. »Was haben Sie gehört?«

»Wortfetzen, schlecht zu verstehen. Geschrei, Geschimpfe. Von verschiedenen Leuten. Von mindestens zwei verschiedenen Männern und von Tina. Aber Hauptredner war ein Mann. Es klang sehr bedrohlich.«

»Also mindestens drei Personen?«

»Ja.«

»Haben Sie einzelne Worte verstanden?«

»Ja. Sogar kurze Sätze. Der eine Mann rief: ›Das werden Sie büßen!‹ oder ›Ich bring' Sie hinter Gitter!‹. Und Tina: ›Anhalten! Sofort anhalten!‹ oder ›Wie krank ist das denn!‹ Dazu brummte im Hintergrund ein Motor. Wahrscheinlich saßen sie in einem Auto.«

»Haben Sie außer Tina Koss jemanden erkannt?«

»Nein, dazu war alles zu verzerrt.«

»Haben Sie die Aufzeichnung noch?«

»Na klar.«

»Wo sind Sie gerade?«

»Bei der Arbeit, also am Flughafen Langenhagen.«

»Okay. Ich schicke Ihnen die Kollegen aus Hannover vorbei. Wir benötigen die Aufzeichnung. Wo genau sind Sie zu finden?«

»Klingt nach einer waschechten Entführung«, befand Schrader, nachdem sie das Telefonat beendet hatten. Seine Sorgenfalten hatten sich vertieft.

»Oder nach einem bitterbösen Streich.« Mendelski zückte sein eigenes Handy. »Aber trotzdem. Wir sollten auf Nummer Sicher gehen. Ich werde zur Vorsicht Unterstützung aus Celle anfordern.«

»Puh!«, stieß Schrader aus. »Das ist ja ein schöner Schlamassel. Dabei war es bisher ein so herrlicher Jagdtag.«

Die übrigen Jäger, die mitgehört hatten, machten bedenkliche Gesichter.

»Was wissen Sie von Angehörigen der Frau Koss?«, fragte Mendelski, während er gleichzeitig das Handy ans Ohr nahm. »Ehemann, Kinder?«

»Verheiratet, keine Kinder«, antwortete Schrader. »Haben schon versucht, ihren Mann zu kontaktieren. Der ist gerade auf Geschäftsreise in China. Ein hohes Tier bei VW.«

»Hallo Maike.« Mendelski nickte Schrader zu und löste sich aus der Gruppe. »Schön, dass ich dich erwische. - Ja, ich weiß, ich habe heute Urlaub und bin auf Jagd. Aber hör zu, wir haben hier ein Problem und brauchen eure Hilfe …«

Auf dem Grenzweg kam ein weiterer Geländewagen angerollt, ein grauer Mercedes der G-Klasse. Zwei Jäger stiegen aus, ein älterer und ein junger. Sie gingen direkt auf Schrader zu. Mit ernsten Mienen berichteten sie.

»Ja, einen Personenspürhund auch«, sagte Mendelski derweil ins Telefon. Er hatte sich wieder der Gruppe genähert. »Und beeilt euch. Bis gleich.«

»Es gibt Neuigkeiten«, empfing ihn Schrader, nachdem Mendelski sein Telefonat beendet hatte. Die beiden Neuankömmlinge standen neben ihm. »Darf ich vorstellen: Dr. Weidenfeller, Jagdnachbar, und sein Sohn – Kriminalhauptkommissar Mendelski von der Kripo Celle.«

Die genannten Männer reichten sich die Hand.

»Bitte!«, forderte Schrader Dr. Weidenfeller auf.

»Wir haben ein ähnliches Problem wie Sie«, begann der Jagdnachbar. »Auch wir vermissen jemanden. Und zwar den Jagdgast, der nicht weit entfernt von hier angesessen hat.« Mit der Hand deutete er in Richtung Holzstapel. »Bomlitz, Peter Bomlitz. Aus Herrmannsburg. Dort drüben ist sein Stand. Sein Auto steht nicht weit davon. Abgeschlossen. Nach der Jagd ist er nicht am vereinbarten Treffpunkt erschienen. Sein Handy ist aus. Von ihm keine Spur.«

»Das nimmt ja Ausmaße an.« Mendelski zückte seinen DIN-A6-Notizblock, den er ständig bei sich trug. »Eigentlich bin ich nur zum Jagen hergekommen.«

»Die Ehefrau des Vermissten, die ebenfalls bei uns an der Jagd teilgenommen hat, erlitt bei der Nachricht einen Schwächeanfall. Wir haben sie in unserer Jagdhütte untergebracht. Ein Arzt kümmert sich um sie.«

Mendelski hielt einen Bleistift schreibbereit: »Wie war gleich der Name. Bomlitz, Peter Bomlitz ...?«

Nachdem Mendelski die wichtigsten Daten des vermissten Jägers aufgenommen hatte, gingen sie das kurze Stück zu dessen

Auto. Der Kommissar, Schrader und die beiden Jagdnachbarn. Im Schatten der jungen Fichten stand der Range Rover des vermissten Peter Bomlitz.

»Warten Sie hier«, bat Mendelski, als sie nur noch wenige Meter vom Fahrzeug entfernt waren. »Lassen Sie mich vorgehen.« Den Erdboden eingehend betrachtend näherte sich der Kommissar behutsam dem Fahrzeug.

»Hier sind frische Autospuren im Sand«, sagte er laut zu den anderen. Er beugte sich vor. »Eindeutig andere als die vom Range Rover.«

»Von uns ist niemand mit dem Wagen hier gewesen«, sagte Dr. Weidenfeller. »Ich habe oben auf dem Grenzweg geparkt und bin zu Fuß hierher.«

»Wir sollten die Spuren sichern. Können wir Absperrband organisieren?«

»Klar.« Schrader zückte sein Handy. »Geht gleich los.«

Während der Jagdleiter telefonierte, näherte sich Mendelski auf Zehenspitzen dem Rover und linste durch die Seitenscheibe der Beifahrertür.

»Die Rückenlehne vom Beifahrersitz ist heruntergekurbelt«, ließ er verlauten. »So, als ob da jemand kürzlich ein Nickerchen gehalten hat.«

»Oder was anderes ... getrieben hat«, kommentierte Dr. Weidenfeller vielsagend. »Ist doch naheliegend, oder? Schließlich vermissen wir Männlein und Weiblein.«

»Sonst kann ich nicht viel erkennen«, fuhr Mendelski fort, ohne auf die schlüpfrige Vermutung einzugehen. »Auf der Rückbank liegt allerhand Kleinkram. Zeitschriften, ein Schal, eine Keksspackung. Vom Gewehr, Rucksack und anderen Jagdutensilien keine Spur. Leider kann man den Gepäckraum nicht einsehen. Wegen der Abdeckung.«

»Flatterband ist unterwegs«, rief Schrader und steckte sein Handy weg.

Mendelski kehrte zu den anderen zurück. »Das Auto und der Stellplatz sind sofort weiträumig abzusperren«, ordnete er an. »Insbesondere die Autospuren. Die Untersuchung des Fahrzeugs übernehmen dann die Kollegen von der Kriminaltechnik aus Celle.«

Zwanzig Minuten später waren auch die übrigen fraglichen Stellen mit rotem Flatterband abgesperrt: Die beiden Ansitzböcke der Vermissten, der BMW X3, die Stelle, an der das Handy gefunden worden war und das tote Wildschwein.

»Können wir die Sau nicht bergen?«, fragte Schrader. »Bei den Temperaturen wird es höchste Zeit, das Stück aufzubrechen. Sonst landet das Wildbret womöglich in der Tonne.«

Mendelski überlegte einen Augenblick. »Okay. Ihre Leute können es aufladen. Ich mache nur noch ein paar Fotos.«

Nachdem der Kommissar mit seiner Handy-Kamera einige Aufnahmen von dem toten Überläufer geschossen hatte, wurde dieser abtransportiert.

»Wird Zeit, dass ich zum Streckenplatz fahre«, sagte Schrader. »Dort wird man bereits unruhig. Außerdem muss ich noch ein paar Nachsuchen organisieren.«

»Kein Problem«, willigte Mendelski ein. »Wir können alle dorthin fahren. Nur sollte von Ihren Leuten jemand hier Wache schieben, bis meine Kollegen eingetroffen sind.«

»Ich lasse zwei Forstwirte hier.« Schrader rief zwei seiner Mitarbeiter herbei.

»Wir würden jetzt auch gern zu unserer Truppe zurückkehren.« Dr. Weidenfeller und sein Sohn wollten sich bei Mendelski verabschieden. »Geht das?«

»Meinetwegen«, erwiderte der Kommissar. »Im Moment können wir nicht mehr tun. Die Fahndung nach den beiden

Vermissten läuft. Meine Kollegen aus Celle werden in einer halben Stunde hier sein. Sie hören von uns.«

»Spricht etwas dagegen, wenn wir rasch das Streckelegen machen?«, fragte Schrader Mendelski, als sie am Schalthaus Ost ankamen. »Ich habe Angst um das Wildbret. Außerdem haben einige Jäger noch andere Termine.«

»Nein, ganz und gar nicht.« Mendelski klappte die Autotür zu. »Im Gegenteil. Ich würde aber gern die Gelegenheit nutzen, um die versammelte Jägerschaft zu informieren und ein paar Fragen zu stellen.«

»Gerne. Dann muss ich das nicht tun.«

Nachdem die letzte Sau, der Überläufer von Tina Koss, aufgebrochen und zur Strecke gelegt worden war, erklang das Jagdhorn-Signal ›Sammeln der Jäger‹. Eigentlich hätte es dessen gar nicht bedurft, denn alle Beteiligten standen bereits dichtgedrängt um die stattliche Strecke versammelt. Getrieben von der Neugier – es gab keinen in der Runde, der nicht von dem dubiosen Verschwinden von Tina Koss wusste – harrten sie der Dinge.

Auf der Strecke lagen drei Stück Rotwild, 17 Sauen und fünf Rehe. Eine Rekordstrecke für diesen Jagdbezirk. Ohne lange Vorrede übergab Schrader das Wort an Mendelski.

»Wie Sie alle mitbekommen haben«, begann er, »wird eine Jägerin aus unserer Runde vermisst.« Mit kurzen Worten schilderte er das Vorgefallene, ließ die Mailbox-Nachricht, die Agnes Schmidt bekommen hatte, jedoch zunächst außen vor. Danach berichtete er von dem ebenfalls verschwundenen Nachbarjäger.

Das war für die meisten eine neue Nachricht. Unruhe machte sich in der Jägerschaft breit, es wurde getuschelt und leise kommentiert.

»Ruhe bitte!«, fuhr Schrader dazwischen. »Die Lage ist ernst. Der Kommissar hat noch ein paar Fragen an euch.«

»Geht auch ganz schnell«, sagte Mendelski. »Ist jemandem von Ihnen heute während des Treibens etwas Besonderes aufgefallen? Haben Sie etwas Außergewöhnliches gesehen oder gehört, fremde Personen oder Fahrzeuge etwa?«

»Ein Auto«, kam es prompt. Ein Jungjäger meldete sich per Handzeichen. »Mir ist ein Geländewagen aufgefallen, der mitten durchs Treiben fuhr. Ein schwarzer Toyota.«

»Wann war das?«

»So gegen 11.00 Uhr.«

»Den hab' ich auch gesehen«, rief da ein anderer. »Aber aus ziemlicher Ferne.«

»Vielleicht eines von Ihren Fahrzeugen?«, wandte sich Mendelski an Schrader.

»Nein. Einen schwarzen Toyota haben wir nicht in unserer Flotte.« Er wandte sich an den Forstwirtschaftsmeister, der neben ihm stand. »Haben Sie eine Idee?«

Der schüttelte den Kopf. »Wüsste nicht, dass heute ein Jäger oder Treiber mit so einem Fahrzeug hier wäre.«

»Konnten Sie das Kennzeichen erkennen?«, fragte Mendelski den jungen Mann, der sich zuerst gemeldet hatte.

»Dazu war ich nicht nahe genug dran. Ich habe mit dem Fernglas geguckt, doch die Kennzeichen waren ziemlich verschmutzt.«

»Dann haben Sie auch keinen der Insassen erkennen können?«

»Nein. Die Scheiben des Wagens waren, wenn ich mich recht erinnere, getönt.«

»In welche Richtung fuhr das Fahrzeug?«

»Hierher. In Richtung Streckenplatz«.

Das Gemurmel wurde wieder lauter. Mendelski und Schrader guckten sich erstaunt an.

»Vielleicht gehört er dem Caterer, also dem Schlachter ... mit der Suppe«, meinte der Kommissar.

Schrader verneinte: »Dessen Autos sind alle weiß.«

»Sonst noch was?«, rief Mendelski in die Runde. »Hat jemand weiteres zu der Angelegenheit zu sagen?«

Als sich niemand mehr meldete, übernahm Schrader erneut das Wort.

»Es wird Zeit, dass wir die Strecke ins Kühlhaus bringen. Deshalb mache ich es heute kurz.« Er ließ sich von der Praktikantin den Strauß mit den Brüchen reichen. »Als ersten bitte ich ...«

Es war ein malerisches Bild. Die tief stehende Nachmittagssonne hatte eine Lücke zwischen den Altkiefern gefunden und beschien das backsteinrote Schalthaus und den davor liegenden Streckenplatz. Von den vier brennenden Schwedenfeuern stiegen hauchdünne Rauchsäulen senkrecht in die Höhe.

Die versammelte Jägerschaft stand regungslos und mucksmäuschenstill. Der Jagdleiter hatte sämtliche Brüche verteilt und richtete das Wort an die Bläser, die sich vorschriftsmäßig in einer Reihe auf der anderen Seite der Strecke aufgestellt hatten.

Würdevoll sprach Schrader: »Ich bitte nun, die Strecke zu verblasen.«

In diesem Moment der Stille, in den zwei, drei Sekunden, in denen die Bläser auf das Kommando ›Setzt an!‹ warten, um danach schwungvoll das Horn an die Lippen zu führen, passierte es.

Jemand rief um Hilfe.

Leise, dumpf, in der Ferne. Eine Frauenstimme.

»Hilfe! Hilfe! Hört uns denn niemand?«

Sämtliche Köpfe richteten sich in die Richtung, aus der das Rufen gekommen war. Auf das Schalthaus. Einer der Hunde, der noch nicht im Auto verfrachtet und an einem Baum angeleint war, begann, wütend zu bellen.

Ohne ein Wort zu verlieren, rannten sie los. Schrader und Mendelski hasteten um das Gebäude herum und erreichten als erste die auf der Rückseite befindliche Seitentür.

»Aufgebrochen«, schnappte Schrader nach Luft und stieß die lediglich angelehnte Tür auf. Sie betraten den Raum. Schummeriges Licht empfing sie.

Und die kläglichen Laute: »Hier sind wir.«

Schrader, Mendelski und die nachströmenden Jäger staunten nicht schlecht, was sie da sahen: Mitten im Raum vor ihnen saßen zwei Personen auf dem Boden. Rücken an Rücken. Ein Mann und eine Frau. So gut wie nackt, der Mann in Unterhosen, sie nur mit einem winzigen String bekleidet. Sie waren mit einem Seil aneinander gebunden, regelrecht zu einem Paket verschnürt.

»Nun machen Sie schon«, zeterte Tina Koss. Bei ihr hatte sich das Klebeband vom Mund gelöst und hing vom Kinn herunter. Immerhin hatte sie sich so bemerkbar machen können, auch wenn ihr Sprechen eher wie ein Röcheln und Prusten klang.

»Wir ... wir sind schon halb erfroren.«

Während Tina Koss und Peter Bomlitz wenig später, notdürftig in Decken gehüllt, aus dem Schalthaus geführt wurden, standen sämtliche Jäger neugierig Spalier. Vom langen Hocken auf dem kalten Boden unterkühlt, wankten die beiden auf unsicheren Beinen in den blendenden Sonnenschein. Als Tina Koss ins Stolpern geriet und ihre Decke von der Schulter rutschte, gab es ein Raunen unter den Umstehenden.

»Gaffer! Schämt euch!«, schnauzte die Jägerin mit der rauen Stimme. Beherzt griff sie der zitternden Frau unter die Arme.

»Kommen Sie«, sagte Mendelski. »Dort drüben auf dem Parkplatz steht unser Vernehmungswagen.«

Wenige Minuten zuvor war die Truppe von der Kripo Celle am Schalthaus eingetroffen, Maike Schnur, Heiko Strunz, Jo Kleinschmidt und Ellen Vogelsang. Ihr VW-Transporter bot im hinteren Bereich fünf Personen Platz.

Kurz darauf saßen sie sich an dem Klapptisch gegenüber: Robert Mendelski und Maike Schnur auf der einen, die beiden Befreiten und Schrader auf der anderen Seite. Heiko Strunz, Ellen Vogelsang und Jo Kleinschmidt sicherten derweil die Spuren im Schalthaus.

»Mir ist sowas von kalt«, bibberte Tina Koss, während sie ihre Hände an einem dampfenden Teebecher wärmte. »Könnten Sie bitte die Heizung einschalten?«

Maike Schnur kletterte nach vorn, um die Standheizung in Gang zu setzen.

»Die Ambulanz muss jeden Moment eintreffen«, beruhigte sie Mendelski. »Uns wäre sehr geholfen, wenn Sie uns bis dahin erzählen, was vorgefallen ist.«

»Das wird er mir büßen!« Peter Bomlitz Stimme zitterte. Vor Wut wie vor Kälte.

»Sie erlauben.« Mendelski hatte ein Aufnahmegerät auf die Tischplatte gelegt. »Wen meinen Sie?«

»Na, wen wohl ...«

»Meinen Mann«, unterbrach ihn Tina Koss. »Da steckt mein Mann dahinter. Da bin ich mir sicher.«

»Erzählen Sie doch bitte der Reihe nach.«

Betretenes Schweigen. Tina Koss und Peter Bomlitz starrten auf die Tischplatte vor sich.

»Bitte!« Mendelski wurde fordernder.

»Da gibt's gar nicht viel zu erzählen«, murmelte Tina Koss kaum hörbar. »Wir hatten ein Techtelmechtel in Peters Auto, als plötzlich diese ... diese Gangster auftauchten. Zwei Mann, maskiert und mit Elektroschockern bewaffnet. Die haben uns gefesselt, geknebelt und die Augen verbunden. Dann mussten wir in ihr Auto steigen, und sie haben uns hierher gebracht. Nach Stunden in dem scheißkalten Schalthaus, elendig verschnürt wie Vieh, hab' ich es endlich geschafft, das Klebeband von meinem Mund zu lösen und um Hilfe zu rufen. Den Rest kennen Sie.«

»Hm. Das war tatsächlich kurz und knapp.« Mendelski machte sich Notizen. »Fürs Protokoll benötigen wie später aber eine etwas ausführlichere Schilderung. Wie kam Ihr Handy auf den Waldweg?«, fragte er.

»Ach das ...« Tina Koss seufzte auf. »Es ging ja alles blitzschnell. Wir durften noch nicht mal was anziehen. Zumindest konnte ich noch mein Handy schnappen und es für einen Moment verstecken. Als ich auf der Fahrt damit heimlich einen Notruf absetzen wollte, hat mich der eine von den Typen erwischt und das Handy aus dem Autofenster geworfen.«

»Können Sie die beiden Männer näher beschreiben?«

»Nicht wirklich. Wie gesagt, die waren maskiert, mit schwarzen Sturmhauben. Uns haben sie die Augen verbunden, mit Schlauchtüchern.«

Tina Koss nahm einen Schluck heißen Tee, bevor sie nachsetzte:. »Zwei kräftige große Männer, in blauen Overalls. Sprachen nur das Nötigste. Hochdeutsch, ohne Akzent. Mehr ... kann ich nicht sagen.«

»Das waren Profis«, meldete sich Peter Bomlitz zu Wort. »Im Auftrag von Tinas Mann.«

»Wie kommen Sie darauf?«, fragte Mendelski.

Tina Koss stöhnte auf. »Wie wohl? Das war ein kleiner, fieser Racheakt meines Mannes. Mich hier so vorzuführen. Dieser Widerling. Aber genau so tickt der. Ist auch nicht das erste Mal. Er hat schon öfter Detektivbüros beauftragt, um mich zu bespitzeln und zu schikanieren. So windige Typen. Dabei hatten wir uns auf eine offene Beziehung geeinigt. Doch in Wahrheit ist er krankhaft eifersüchtig.«

Ein Klopfen an der Autotür unterbrach das Gespräch. Die Schiebetür wurde einen Spalt breit geöffnet und Ellen Vogelsang steckte ihren Kopf herein.

»Hier ist eine Frau Bomlitz«, raunte sie Mendelski zu. »Sie lässt sich nicht beruhigen, will unbedingt zu ihrem Mann.«

In den nächsten Minuten wurde es turbulent. Yvonne Bomlitz ließ sich nur mühsam beruhigen. Obwohl sie von Ellen Vogelsang und zwei Jägern zurückgehalten wurde, versuchte sie immer wieder, an die Schiebetür des VW-Transporters zu gelangen.

»Ich will zu meinem Mann!«, schrie sie hysterisch vor versammelter Mannschaft. »Er soll's mir ins Gesicht sagen. Damit ich ihm die Augen auskratzen kann ...«

»Das geht im Moment nicht«, versuchte Ellen Vogelsang, sie mit ruhiger Stimme zu besänftigen. »Er wird noch vernommen. In wenigen Minuten sind sie fertig.«

Ein Ambulanzwagen fuhr vor und hielt direkt neben dem Vernehmungswagen. Zwei Sanitäter stiegen aus und begannen damit, die Versorgung der Entführten vorzubereiten.

»Ist mein Mann etwa verletzt?« Yvonne Bomlitz hyperventilierte. Ihre Stimmung schlug um, sie versuchte erneut, die Schiebetür zu öffnen.

»Nein, nein«, erwiderte Ellen Vogelsang. »Nur eine Vorsichtsmaßnahme. Gleich können Sie zu ihm.«

Allmählich beruhigte sich die Lage. Die beiden Sanitäter hatten mehr mit Yvonne Bomlitz zu tun als mit den beiden Entführten. Als die gehörnte Ehefrau endlich zu ihrem Mann durfte, klappte sie zusammen.

Heiko Strunz und Jo Kleinschmidt waren bei der Sicherung der Spuren im Schalthaus auf die Kleidung des heimlichen Liebespärchens gestoßen. Sie steckte in einem Müllsack, den Kleinschmidt kommentarlos in den VW-Transporter reichte.

Jagdleiter Schrader und seine Helfer hatten in der Zwischenzeit die Strecke abgefahren. Zwei Nachsuchetrupps waren mit Kontrollsuchen beschäftigt. Der Großteil der Jäger hatte sich bereits auf den Heimweg gemacht.

»Was für ein kurioser Fall«, sagte Maike Schnur. Sie standen ein Stück abseits auf dem Waldweg.

»Wohl wahr.« Mendelski blinzelte in die untergehende Sonne. »Immerhin mit glimpflichem Ausgang. Niemand ist ernsthaft zu Schaden gekommen.«

»Das hätte auch anders laufen können. Stell dir vor, was passiert wäre, wenn Tina Koss es nicht geschafft hätte, das Tape loszuwerden?«

Mendelski zuckte mit den Schultern. »Tja, dann ... hätte das auch schiefgehen können. Aber ich nehme an, dass die Täter alles genauso geplant haben. Die Fesseln hätten die beiden irgendwann auch ohne fremde Hilfe aufbekommen. In dem Moment, in dem die gesamte Jagdkorona versammelt war, sollten die beiden entdeckt und bloßgestellt werden.«

»Na, das hat ja auf den Punkt geklappt.« Maike Schnur grinste. »Schon ziemlich fies. Ich glaube nicht, dass die beiden so bald noch Lust auf eine Gesellschaftsjagd haben.«

»Vielleicht ist ihnen auch sonst die Lust vergangen ...«, erwiderte Mendelski mit einem Augenzwinkern.

»Glaubst du wirklich, dass der Mann von Frau Koss dahinter steckt?«

»Keine Ahnung. Kenne ihn nicht und kann dazu nichts sagen. Jedenfalls hat er ein wasserdichtes Alibi: Befragen können wir ihn erst in einer Woche, nach seiner Rückkehr aus China.«

»Und die Spurenlage gibt auch nichts her?«

»Nicht wirklich. Wir haben die mehr als dürftige Beschreibung der beiden Täter und des Autos, ein paar ramponierte Reifenspuren, das Fesselmaterial ... das war's auch schon.«

»Also ein Fall für die Akten«, schloss Maike.

»Wenn sich kein Zeuge aus dem Hut zaubern lässt ... und wenn das wirklich halbwegs Profis waren ... dann wird das ein Aktendeckel fürs Archiv«, brummte Mendelski.

»Dafür weiß ich schon, was wir dann da drauf schreiben ...«, kicherte Maike.

»Was denn?«

»Dumm gelaufen!«

Gut gelaunt schlenderten sie zu den anderen zurück.

# Brillantenhase

Seine Gemütsfassung war ihm anzusehen, als sich Oskar Wieselmann missmutig von seinem Angestellten Frederik Heine ins Wochenende verabschiedete. Die miese Laune des Juweliers hatte einen triftigen Grund. Die Geschäfte liefen schlecht. Der Sommer war eine Katastrophe gewesen, die Vorweihnachtszeit entwickelte sich nicht besser. Der Umsatz tröpfelte.

Dabei trieben die Zinsschwäche und die prekäre Wirtschaftslage im Euroraum die Leute dazu, nicht länger wie gewohnt ihr Geld bei den jetzt als unsicher geltenden Banken anzulegen. Stattdessen investierten sie verstärkt in krisenfesten Immobilien und anderen Sachwerten, etwa in Edelmetalle und Schmuck.

Mit Letzterem handelte Oskar Wieselmann seit seiner Kindheit. Bereits im fünften Schuljahr hatte er damit begonnen, auf dem Pausenhof seinen Klassenkameradinnen Halskettchen und Ohrringe zu verkaufen. Das Juweliergeschäft *Wieselmann & Söhne* gab es bereits in der vierten Generation. Im nächsten Jahr sollte das Geschäft sein einhundertjähriges Bestehen feiern.

Doch ob der Laden zum Ende des kommenden Jahres noch bestehen würde, stand in den Sternen, angesichts der drückenden Konkurrenz. Zum Beispiel der neue Juwelier in der Sonnenpassage in der City, ein avantgardistischer Goldschmied in der Alten Fabrik oder die großen Kaufhäuser mit ihren Schmuckabteilungen - sie alle waren ebenfalls auf die Idee gekommen, Juwelen als Wertanlage zu bewerben.

Oskar Wieselmann verließ das Geschäft durch die Hintertür und betrat einen Innenhof. Dort atmete er erst einmal tief durch. Die Luft war bitterkalt. Der Blick zum wolkenlosen Himmel verriet, dass es eine frostige Nacht geben würde.

»Herrliches Jagdwetter«, murmelte er. »Ich muss mich nur warm genug anziehen.«

Er schlug den Kragen seines Lodenmantels hoch, überquerte den asphaltierten Hof und steuerte auf seine Wohnung zu. Noch bevor er die Tür aufgeschlossen hatte, hörte er Anka bellen. Die treue Labrador-Hündin erwartete ihren Herrn bereits sehnsüchtig.

Eine Viertelstunde später brauste Oskar Wieselmann mit seinem grünen Kombi vom Hof. Neben ihm auf dem Beifahrersitz lag der gepackte Jagdrucksack, auf der Rückbank ein Gewehrfutteral. Im Gepäckraum, in einer sicheren Alubox, winselte Anka voller Vorfreude. Die Stimmung des Jägers dagegen wollte sich einfach nicht bessern.

Eigentlich konnte es sich Oskar Wieselmann gar nicht leisten, an einem Samstagnachmittag Ende November seinem Juwelierladen vorzeitig den Rücken zu kehren, um auf die Jagd zu gehen. Doch der Frust über die Geschäftslage saß derart tief, dass ihm alles egal war. Im nächsten Jahr, spätestens ein Jahr drauf, würde er den Laden sowieso dichtmachen. Kinder gab es nicht, ausreichend Geld für einen beschaulichen Lebensabend hatte er längst zurückgelegt. Die Begeisterung für sein Geschäft war etwas anderem gewichen: der Passion für die Jagd.

Um sich abzulenken, um dem lästigen Alltag und dem städtischen Trubel zu entfliehen, gab es nichts Besseres als einen Ansitznachmittag an einem sonnigen Wintertag im eigenen Revier. Außerdem konnte man sich in Gottes freier Natur gut auf das Wochenende einstimmen.

Die Autofahrt führte ihn über eine vierspurige Ausfallstraße rasch an die Grenzen der Stadt. Nachdem er die Rollfelder des

Flughafens hinter sich gelassen hatte, empfing ihn eine flache Landschaft mit Äckern und Wiesen, die von kleinen Wäldchen aus Kiefern, Eichen und Birken unterbrochen waren.

Als er nach einem Krähenschwarm Ausschau hielt, der sich auf dem hartgefrorenen Acker neben einer Rübenmiete niedergelassen hatte, blendete ihn die tiefstehende Sonne. Oskar Wieselmann – ganz Heger und Jäger in einem Niederwildrevier – mochte die Rabenvögel nicht. Leise fluchend wünschte er sie zum Teufel.

Er parkte den Kombi wie so oft mitten in einem kleinen Feldgehölz. Der Unterwuchs verbarg seinen Wagen vor neugierigen Blicken. Jetzt waren es noch 150 Meter bis zu der Leiter am Rande einer verwilderten Sandkuhle.

Als Oskar Wieselmann seine Ansitzsachen zusammenkramte, begann Anka zu bellen. »Ja, du kommst ja mit«, beruhigte der Jäger seine Hündin. »Heute geht's mir mehr um Entspannung als um Beute zu machen.«

Normalerweise ließ Oskar Wieselmann seine Jagdgehilfin im Auto, während er auf dem Hochsitz saß. Sie kam erst zum Einsatz, wenn es etwas nachzusuchen oder zu apportieren gab. Letzteres, das Aufsuchen und Bringen der Beute, war Ankas Paradedisziplin.

Die Hündin hatte nicht nur bei der Jagdgebrauchshunde-Prüfung geglänzt, sondern auch im wirklichen Jagdbetrieb: Füchse, Hasen, Kaninchen, Fasanen, Enten, Schnepfen – es gab nichts, was Anka in ihrem langen Jagdhundleben nicht schon geschleppt hätte. Sie apportierte so leidenschaftlich, dass sie auch gern andere Dinge wie Brennholzscheite, Gießkannen oder Einkaufstaschen durch die Gegend trug. Wenn es eine

Hilfe war, hatte der Juwelier gegen die Marotte seiner vierbeinigen Gefährtin nichts einzuwenden.

Jäger und Hund erreichten wenig später die sogenannte Sandkuhlenleiter. Sie stand an der Ecke eines Kiefernwäldchens, an den Stamm einer steinalten krummen Kiefer geschmiegt. Die weit ausladende Krone gab dem Baum das Aussehen eines überdimensionalen, ausgefransten Pilzes.

Oskar Wieselmann leinte Anka am Stamm des Baumes an und ließ die Hündin leise »down« machen. Sie gehorchte aufs Wort. Danach bestieg er die Leiter und machte es sich auf dem Sitzbrett bequem. Sein Handy schaltete er aus. Langsam besserte sich die Gemütslage des Jägers.

Es war einer seiner Lieblingshochsitze. Von hier aus hatte man einen hervorragenden Blick über heckenumsäumte Felder, eine schmale Wiese und das verwilderte Gelände eines ehemaligen Sandabbaugebietes. Dort ragten neben winterkahlen Weidenbüschen, Birken und Erlen die verrosteten Überbleibsel eines vorsintflutlich aussehenden Schaufelbaggers in den mittlerweile purpurrot gefärbten Winternachmittagshimmel.

»Viel besser als die kleinkrämerische Kundschaft«, murmelte kaum hörbar der Jäger. »Der Laden kann mir gestohlen bleiben.«

Ein Hase riss ihn aus seinen Träumen. Meister Lampe hoppelte über die Rapsstoppeln, überquerte die Wiese und kam schnurstracks auf das Wäldchen mit der Ansitzleiter zugelaufen.

Oskar Wieselmann überlegte. Eigentlich hatte er es – wenn heute überhaupt – auf ein Stück Rehwild oder eine Sau abgesehen. Doch einen Hasen hatte er schon lange nicht mehr geschossen. Dabei aß er so leidenschaftlich gern Hasenrücken. Am liebsten Hasenrückenfilets mit Pflaumenmus.

Vorsichtig nahm er den Drilling zur Hand. Der Hase kam immer näher. Oskar Wieselmann schielte zu Anka hinunter, doch diese hockte in einer Mulde und döste unbekümmert vor sich hin.

Als der Hase nur noch fünfzehn Schritte entfernt war, stellte der Jäger den Drilling auf Schrot. Nach fünf weiteren Gängen verhoffte der Hase plötzlich und machte einen Kegel. Anka hob ihr Haupt. Vor Aufregung zitternd musterten sich die beiden Tiere. Wie von der Tarantel gestochen, machte der Hase plötzlich kehrt und begann, hakenschlagend das Weite zu suchen. Meister Lampe hatte jedoch nicht mit der Schussgenauigkeit des Juweliers gerechnet. Die Schrotgarbe traf ihn unterhalb der Löffel im Nacken und ließ ihn wie vom Blitz erschlagen tot zusammenbrechen.

Anka jaulte vor Vorfreude auf. Wenig später durfte sie den Hasen apportieren. Nachdem Oskar Wieselmann Hund und Hasen am Fuße der Kiefer abgelegt hatte, beschloss er – denn der Nachmittag war ja noch jung –, trotz des frühen Jagderfolgs den Ansitz fortzusetzen.

Eine gute halbe Stunde später. Die Dämmerung setzte bereits ein, als Oskar Wieselmann zu sich kam. Er hatte ein wenig gedöst und war von einem Geräusch geweckt worden.

Ein Reh schreckte. Drüben in der alten Sandkuhle. Der Jäger war plötzlich hellwach und griff zum Fernglas. Er entdeckte ein einzelnes Reh, das unruhig zwischen den Weidenbüschen umherzog.

Plötzlich sprang es panikartig ab.

Was war da los? Waren etwa Sauen im Anmarsch? Oskar Wieselmann stellte den Drilling auf Kugel um. Als er das Fernglas wieder vor Augen hatte, sah er zwei menschliche Gestalten, die in gebückter Haltung durch das Gebüsch schlichen.

Das darf doch nicht wahr sein, fuhr es ihm durch den Kopf. Was haben die dort um diese Tageszeit zu suchen? Der heimliche Beobachter stellte sein Fernglas schärfer. Das waren weder Kinder noch Jugendliche, sondern zwei ausgewachsene Männer. Sie trugen schwarze Overalls und tief in die Stirn gezogene Strickmützen. Der eine von ihnen hielt einen Beutel in der behandschuhten Hand.

Jetzt hatten sie den ausrangierten Schaufelbagger erreicht. Sie blieben stehen und schauten sich um. Oskar Wieselmann setze das Glas ab und duckte sich instinktiv. Obwohl er über hundert Meter entfernt saß und es wenig wahrscheinlich war, dass ihn die beiden in dem Schummerlicht sehen konnten, ging er lieber auf Nummer sicher.

Nach wenigen Augenblicken des Verharrens setzte er seine Beobachtung fort. Durch das Glas konnte er erkennen, dass in der Zwischenzeit einer von den beiden Typen auf den Bagger geklettert und im Führerhaus verschwunden war. Kurze Zeit später kam er wieder hervor, sprang vom Bagger und kehrte zu seinem Kumpan zurück. Den Beutel hatte er nicht mehr bei sich.

Sie sprachen kurz miteinander, schauten wieder in die Runde und machten sich dann davon. Die Männer nahmen den gleichen Weg, den sie gekommen waren.

»Herrschaftszeiten!«, brummte Oskar Wieselmann. Was war das? Hatte er da zwei Ganoven beobachtet? Höchstwahrscheinlich. Zwei Strolche, die die einsame Sandkuhle und den alten Bagger als toten Briefkasten nutzen – oder als Versteck für Hehlerware, Falschgeld, Drogen …

Oskar Wieselmann wurde es mulmig. Ich rufe besser die Polizei, sagte er sich und griff zum Handy. Doch bevor er es einschaltete, befielen ihn Zweifel. Wenn das nur harmlose Geocacher gewesen waren?, fragte er sich. Anhänger dieser neumodischen elektronischen Schatzsuche mit GPS-Geräten? Mittlerweile waren die überall anzutreffen – nicht nur in den Städten, sondern auch in den hintersten Winkeln der Natur. Die könnten da im Bagger etwas völlig Harmloses versteckt haben. Dann würde er sich aber lächerlich machen, dachte der Jäger, und sich bis auf die Knochen blamieren.

Er beschloss, erst einmal selbst nachzuschauen, was es mit dem Beutel auf sich hatte.

Wenige Minuten später erreichte er zusammen mit Anka den Bagger. Oskar Wieselmann lauschte in die hereinbrechende Nacht. Nichts Verdächtiges war zu hören. Er lehnte seinen Drilling an die rostigen Ketten des Ungetüms und ließ Anka Wache schieben. Umständlich erkletterte er die Leiter des Baggers und öffnete die knarrende, lediglich angelehnte Tür zum Führerhaus. Erst jetzt schaltete er seine Taschenlampe an.

Neugierig schaute er sich um. Er beugte sich unter den Fahrersitz, dessen Polster aufgeschlitzt war, inspizierte den leeren Werkzeugkasten, der jetzt Mäusen als Unterschlupf diente, und lugte hinter die Dachverkleidung, die lose herunter hing. Nichts!

Das ging doch nicht mit rechten Dingen zu! Verflixt noch mal – wo war der Beutel geblieben, den der Kerl in den Händen gehalten hatte? Mit den Füßen durchwühlte er den Unrat, der am Boden lag: leere Öldosen, Zeitungspapier, Pappe, Flaschen und anderer Müll.

Wieder nichts.

Er wollte schon aufgeben, als sein Blick auf das Armaturenbrett fiel. Das hing irgendwie schief in der Verankerung. Bei genauem Hinsehen konnte man feststellen, dass sämtliche Befestigungsschrauben fehlten. Oskar Wieselmann steckte die

Taschenlampe zwischen die Zähne und fingerte am Armaturenbrett herum.

Plötzlich gab es nach und kippte nach vorn. Im Schein der Taschenlampe wurde ein Hohlraum sichtbar, in dem zwischen einem Kabelgewirr etwas steckte.

Ein schwarzer Stoffbeutel.

»Bingo!«, entfuhr es dem glücklichen Finder, nachdem er die Taschenlampe aus dem Mund genommen und den Beutel hervorgezogen hatte. »Jetzt bin ich aber gespannt.«

Er öffnete die Schnur, mit welcher der Beutel zugebunden war, und schüttete den Inhalt auf den Baggersitz neben sich.

Mit immer größer werdenden Augen bestaunte Oskar Wieselmann den Berg aus gleißendem Schmuck: Brillanten-Colliers, diamantenbesetzte Armreife, Anhänger und Broschen mit Rubinen, Smaragden und Saphiren, edelsteinbesetzte Ringe aus Gold, Silber und Platin.

»Das gibt's ja nicht!«, rief der Juwelier laut, während er ein filigranes Gliederarmband aus 750er Roségold in die Hand nahm. »Das ... das ist ja Schmuck ... aus meinem Laden!«

Mit zitternden Händen kramte er sein Mobiltelefon hervor und schaltete es ein.

Wenig später signalisierte das Gerät zwölf Anrufe in Abwesenheit. Allesamt aus seinem Geschäft.

»Es ... es gab einen Überfall!«, hörte er seinen Angestellten ins Telefon stammeln. »Mein Gott, Chef ... Ich konnte gar nichts machen. Die waren zu zweit, hatten Pistolen ... einer hat mich geschlagen, als ich ...«

»Schon gut, schon gut«, beruhigte ihn Oskar Wieselmann. »Sind Sie verletzt?«

»Nur 'ne kleine Platzwunde.« Frederik Heine seufzte auf. »Halb so schlimm. Ein Sanitäter hat mich versorgt.«

»Ist denn die Polizei noch da?«

»Natürlich. Am besten kommen Sie schnell her. Wegen der Schadensaufnahme ... für die Versicherung ...«

»Ich ...« Oskar Wieselmann zögerte einen Moment.

Das Wort ›Versicherung‹ hatte ihn aufhorchen lassen. Er schaute hinab zu dem Schmuckberg auf dem Baggersitz. »Ich ... ich bin schon unterwegs.«

Noch bevor er das Auto erreichte, stand sein Entschluss fest. Er würde erst einmal den Mund halten und nichts von seinem Fund erzählen. Sollte die Versicherung, die Jahr um Jahr unverschämt dicke Prämien von ihm eingestrichen hatte, ruhig mal etwas für ihn tun.

Oskar Wieselmann verstaute den Schmuck auf dem Grund seines Jagdrucksacks und stopfte zur Tarnung den geschossenen Hasen oben drauf. Wie stets nach der Jagd, postierte er den Rucksack neben Ankas Alubox im Gepäckraum des Kombis.

Als er zwanzig Minuten später auf den Innenhof fuhr, fand er seinen Standplatz von einem Streifenwagen besetzt. Er parkte direkt dahinter und stieg aus. Sein erster Gang galt - automatisch, wie immer - dem Hund. Oskar Wieselmann öffnete die Heckklappe und entriegelte die Alubox. Anka kannte das. Ohne Leine durfte sie herausspringen und zur Haustür traben.

In diesem Augenblick öffnete sich die Hintertür zum Juwelierladen. Frederik Heine trat heraus, mit zwei Männern im Schlepptau. Sie trugen Zivil.

»Da sind Sie ja, Chef«, rief Frederik Heine, dessen Stirn ein großes Pflaster zierte. »Die Herren sind von der Kripo ...«

»Das ist ja eine schöne Bescherung«, sagte Oskar Wieselmann mit betretener Miene, während er den Beamten die Hand schüttelte. »Kaum bin ich mal für ein paar Stunden außer Haus, da passieren schlimme Dinge. Aber zum Glück ist ja niemand ernsthaft verletzt worden.«

Ein Kläffen unterbrach ihn.

Die vier Männer fuhren herum. Anka stand wütend bellend mitten auf dem Hof – vor ihr lag der Jagdrucksack, der ihr entglitten war. Als strebsamer Apportierhund hatte sie es als ihre Pflicht angesehen, die Beute des Tages ins Haus zu tragen.

Bevor Oskar Wieselmann reagieren und den Rucksack an sich nehmen konnte, packte die Hündin erneut zu. Nur – dummerweise am falschen Ende. Der Rucksack öffnete sich, der Hase rutschte zur Hälfte heraus.

»Oh, Sie hatten Waidmannsheil, Chef«, rief Frederik Heine. »Wenigstens eine gute Nachricht heute.«

»Anka, aus!«, krächzte Oskar Wieselmann.

Doch es war zu spät. Erneut schnappte sich die Hündin Rucksack samt Hasen, schüttelte ihn einige Male kräftig – als ob Meister Lampe noch leben würde – und brachte beides zu ihrem Herrn.

»Einen Moment mal«, rief einer der beiden Polizisten. »Was ist das denn? Wo gibts denn so seltsame Hasen? Der hier – da steckt doch was in seinem Ohr?«

»Löffel«, korrigierte Frederik Heine mit altklugem Grinsen. »Die Ohren beim Hasen heißen Löffel.«

»Das glänzt und glitzert ja – wie ... wie Edelsteine«, setzte der Kripo-Mann unbeirrt nach. Als er sich hinab beugte, um den Hasen aufzuheben, begann Anka zu knurren, gab aber den Rucksack frei.

Dieses Mal purzelte der Hase ganz heraus, und mit ihm – ein im Schein der grellen Hoflampe vielfarbig funkelndes Brillanten-Collier.

»Was ist ... was ist das denn?« Frederik Heine rang nach Worten. »Das ... das ist ja ...«

»Das ... das ...« stotterte Oskar Wieselmann. Auf seiner Stirn erschienen kleine Schweißtropfen. »Das kann ich Ihnen erklären!«, setzte er betont forsch nach.

Doch er war sich gar nicht sicher, wie er das hinbekommen sollte.

# Schnepfenstrich

Aber da war er wieder, der seltsame, tiefe, quarrende Ton, das ›Quoark, quoark, quoark‹, und da kam es auch schon herangestrichen, ein schwarzes Ding, eulenhaft die Fittiche bewegend, zwischen denen ein langer, senkrechter, schwarzer Strich sich abhob, und verschwand in der Dämmerung. Das war Murkerich. Auch dem war Ägypten langweilig geworden mit seinen Palmen, seinem Nilschlick, seinen fetten Fliegenmaden und den Kamelmistkäfern. Nach weißschimmernden Birkenwäldern sehnte er sich, nach braunem Falllaub zwischen goldenen Schlüsselblumen, jungen Fichten und breiten Weißdornbüschen und einem ordentlichen, deutschen Regenwurm.«

Felix Koch legte das Buch auf den Couchtisch neben sich und griff zum Rotweinglas. »Ist das nicht köstlich?«, fragte er die Frau, die eng an ihn geschmiegt mit ihm auf dem Sofa lag. »Die Naturbeschreibungen von Hermann Löns sind einfach unschlagbar.«

»Allerdings ... mit leichter Tendenz zum Rassismus.« Maren Koch griff ebenfalls zum Rotweinglas. »Ordentlicher, deutscher Regenwurm!«, äffte sie mit verstellter Stimme nach.

Gut gelaunt prosteten sie sich zu.

»Stimmt schon. Aber vergiss nicht, zu welcher Zeit er den ›Mümmelmann‹ geschrieben hat«, erwiderte er. »Das war zu Beginn des letzten Jahrhunderts, 1909, vor dem ersten Weltkrieg.«

»Eben ...« Sie gähnte.

»Na komm: Ein paar Absätze musst du noch durchhalten.« Er tauschte erneut Weinglas gegen Buch und las weiter. Da ihr Kopf auf seiner Schulter lag, sah er nicht, dass sie leicht angesäuert die Augen verdrehte.

»Er moarkte verdrießlich, als ihm eine große Fledermaus mit einem blattähnlichen Gewächs auf der Nase etwas zuzwitscherte, das er nicht verstand, strich weiter, den Nil hinauf, und pfuitzte schnell sein ›Pssewitt‹ in den Abend hinein. Antwort erhielt er wohl, aber Begleitung bekam er nicht. ›Noch zu kalt da oben‹, pfuitzte Kulpsauge. ›Noch keine Würmer draußen', quarrte Silbersteert. ›Noch Frost im Boden‹, wispelte Stecherine. Da reiste Murkerich allein.«

Felix Koch zählte zu jener Generation, die noch die Jagdzeit auf die Waldschnepfe im Frühjahr kennengelernt hatte – die Jagd während des Balzfluges, den sogenannten Schnepfenstrich. Zunächst als Junge in Begleitung seines Vaters, später als Jungjäger. Solange er denken konnte, und egal, ob im Frühjahr oder im Herbst gejagt wurde: Daheim, in den Fuhrberger Wäldern, hatte es stets eine stabile Population von Schnepfen gegeben.

Für die Jagdscheinprüfung in den frühen Siebzigern musste er noch jenen Merkvers auswendig lernen, der ihn sein Leben lang begleiten sollte und der ihn jedes Jahr im Frühjahr aufs Neue erfreute. In dem uralten volkstümlichen Gedicht wurden die Fastensonntage vor Ostern mit der Häufigkeit des Auftretens der Schnepfenbalzflüge verbunden:

»Invocavit – nimm den Hund mit.
Reminicere – putzt die Gewehre.
Oculi – da kommen sie.
Laetare – das ist das Wahre.
Judica – sie sind auch noch da.
Palmarum – Lirum, Larum.
Osterzeit – wenige Beut.
Quasimodogeniti – Hahn in Ruh, nun brüten sie.«

Doch die astronomisch bedingte Varitationsbreite des Osterfestes und der damit verbundenen Sonntage führte – das wusste Felix Koch – zu einer gewissen Ungenauigkeit, was das in dem Gedicht prophezeite Auftreten der Waldschnepfe betraf. Zudem spielte das Klima eine nicht unwichtige Rolle, denn wenn es in den hiesigen Breiten zu lange kalt blieb, kehrten die Zugvögel erst spät aus ihren Winterquartieren zurück.

In diesem Jahr lag Ostern Anfang April, vier Wochen zuvor jedoch hatte es bereits die ersten warmen Tage mit zweistelligen Gradzahlen gegeben. ›Oculi – da kommen sie‹ wäre in diesem Jahr also schon passend, der Langschnabel mit den schönen lateinischen Namen *Scolopax rusticola* könnte also bereits eingetroffen sein.

›Reminicere – putzt die Gewehre‹: Diese Aufforderung war mit einer Neuregelung 1977 überflüssig geworden. Heutzutage gilt die Jagdzeit auf Waldschnepfen in Niedersachsen nur noch im Herbst, vom 16. Oktober bis zum 31. Dezember. Die Frühjahrsjagd wurde eingestellt, weil der Vogel mit dem langen Gesicht damals auf die Vorwarnliste der Roten Liste bedrohter Tierarten gesetzt worden war.

Auch wenn der Gesetzgeber die Jagd auf Waldschnepfen im Frühjahr untersagt hatte, blieb der Schnepfenstrich für Felix Koch und für viele andere Waidgenossen eine ganz besondere Zeit im Jahreslauf. Denn bei der jagenden Zunft zählte der Langschnabel – neben Kibitz und Bachstelze – zu den beliebtesten Frühlingsboten.

Felix Koch hatte sich erhoben und war ans Wohnzimmerfenster getreten. Er öffnete den rechten Fensterflügel und lehnte sich weit hinaus. Mit zusammengekniffenen Augen spähte er in den trüben Nachmittagshimmel und schnupperte den milden, feuchtschwangeren Dunst.

»Ich geh heute Abend raus«, rief er seiner Frau zu. »Ich glaub, sie sind da.«

Maren Koch schälte sich aus der Wolldecke und setzte sich auf. »Wer ist da?«, fragte sie verwundert.

»Die Schnepfen.«

»Ich dachte, die darf man nicht mehr jagen.«

Felix Koch setzte sich wieder zu ihr auf die Couch. »Ich will ja auch gar nicht jagen. Nur gucken, ob Murkerich schon zurück ist.«

»Murkerich?« Sie kräuselte die Stirn. »Ach, der Schnepferich von Hermann Löns, ich verstehe ...«

»Willst du nicht mitkommen?«

»Nein, nein, lass mal«, wiegelte sie ab. »Du hast deine Jagd, ich meine Malerei. Das passt schon so. Geh du ruhig allein.«

Wir schrieben den 10. März. Den Samstag vor dem dritten Fastensonntag Oculi.

Maren und Felix Koch hatten vor einem Jahr geheiratet. Für ihn, einen gut situierten Zahnarzt von 58 Jahren, war es bereits die vierte Ehe, für sie, eine 41 Jahre alte Gymnasiallehrerin, die zweite. Dabei kannten sich die beiden erst seit drei Jahren, nachdem sie sich beim ›Tanz in den Mai‹ in Großburgwedel kennengelernt hatten.

Im Grunde waren beide von recht unterschiedlicher Natur. Felix Koch ganz Lebemann, ein Womenizer mit grauen Schläfen, liebte Wein und gutes Essen und war ein Jäger durch und durch – und eher chaotisch veranlagt. Maren Koch dagegen, von hübscher Natürlichkeit, Veganerin, Kunstliebhaberin und belesen, verhielt sich zurückhaltend, galt als leidenschaftliche Malerin und zeigte sich im Alltag gut organisiert. Wie sagt man so schön: Gegensätze ziehen sich an.

Was beide vereinte, war ihre Vorgeschichte: gescheiterte Beziehungen. Felix Kochs dritte Ehefrau, eine Modejournalistin, hatte ihn verlassen, als sie Wind von einer Affäre ihres Mannes bekam – mit einer Zahnarzthelferin. Der Ex-Mann von Maren Koch, eine Studentenliebe, mit der sie neun Jahre verheiratet gewesen war, hatte ihr all die Jahre lang seine eigenwilligen Sexualneigungen verschwiegen und diese im Geheimen ausgelebt.

Felix Koch hatte zwei Kinder aus erster Ehe, die mittlerweile erwachsen waren und in der Nähe ihrer Mutter in Süddeutschland lebten. Maren Koch war kinderlos geblieben.

Trotz der schlechten Erfahrungen, die beide gemacht hatten, und trotz ihres Altersunterschiedes entschlossen sie sich, erneut den Bund der Ehe einzugehen. Ihre Lebenserfahrung brachte es mit sich, dass sie die Neigungen des anderen akzeptierten, sich Freiräume ließen. Beide machten ihr Ding. Er jagte viel und leidenschaftlich, sie malte jede freie Minute in ihrem Atelier.

Gegen 18.00 Uhr brach er auf.

»Du musst noch tanken«, erinnerte sie ihn.

Sie waren über Mittag zum Shopping in Celle gewesen. Ausnahmsweise hatten sie sein Auto, einen Volvo SUV, genommen, um ein sperriges Weinregal zu transportieren. Aus Umweltschutzgründen achtete Maren Koch darauf, wenn immer es ging, ihren VW Polo zu nehmen.

»Die Reserveanzeige leuchtet schon.«

»Ich weiß«, erwiderte er, während er Sitzstock, Gummistiefel und Babourjacke in die Garage trug. Hut und Jagdtasche lagen bereits im Auto. »Mach ich noch schnell auf dem Hinweg.«

Obwohl sie erst kurze Zeit verheiratet waren, kannte sie seine Marotten, insbesondere seinen Schlendrian. Stets erledigte er alles auf den letzten Drücker. Sie, Organisationstalent und Perfektionistin, bildete den idealen Gegenpol.

»So, ich bin dann so weit«, sagte er und gab ihr einen Abschiedskuss.

»Nimmst du gar kein Gewehr mit?«, wunderte sie sich.

»Nein. Wozu auch? Es ist Schonzeit. Ich möchte doch nur gucken.«

Gekünstelt lachte sie auf. »Das habe ich ja noch nie erlebt, dass du ohne Waffe ...«

»Da kannst du mal sehen. Uns Jägern geht es nicht ums Schießen und Beute machen. Manchmal reicht auch ein Naturerlebnis – wie zum Beispiel der Schnepfenstrich.«

»Wo gehst du denn hin?«, rief sie ihm nach, als er bereits in der Haustür stand.

»An die Hengstbeeke, an der Gailhofer Grenze. Du weißt schon ... eine meiner Lieblingsecken. Da gibt's ideale Schnepfenbiotope.« Er stieg ins Auto, hatte die Tür jedoch noch nicht zugezogen.

»Und wann bist du zurück?«

»So gegen acht, halb neun. Dann seh ich draußen eh nichts mehr.«

»Dann Horrido – und guten Anblick!«

Die Autotür wurde zugeschlagen, das Fahrzeug rollte rückwärts aus der Ausfahrt.

Obwohl Felix Koch die Tankanzeige aufleuchten sah, und obwohl er in Fuhrberg an zwei Tankstellen vorbeifuhr, tankte er nicht.

»Das mach ich doch besser auf dem Rückweg«, murmelte er vor sich hin. »Ist schon spät.«

Die Abenddämmerung machte sich bereits bemerkbar. Der nebelartige Dunst war in feinen Nieselregen übergegangen. Es schien, als ob der graue, breidicke Wolkenteppich direkt auf den Spitzen der Dorfeichen ruhte.

Felix Koch fuhr auf der L310 Richtung A7 bis zu der Stelle, wo ein Waldweg, die so genannte ›Bremer Bahn‹, die Landstraße kreuzte. Hier standen rechts und links der vielbefahrenen Straße zwei Sexmobile mitten im Wald.

Er bog links ab und fuhr an einem der beiden ausrangierten und umfunktionierten Wohnmobile vorbei. An dessen Heck hatte sich ein Kleinwagen geschmiegt, als wollte der Freier verhindern, dass andere Autofahrer sein Kennzeichen sehen und somit seine Identität herausbekommen könnten.

»Da sieh mal einer an!«, entfuhr es Felix Koch, nachdem er die beiden Fahrzeuge hinter sich gelassen hatte. Den Besitzer des Kleinwagens kannte er. Er musste schmunzeln: ›Diesem Moralapostel hätte ich einen Prostituiertenbesuch wahrlich nicht zugetraut. Ja, ja der Frühling bringt müdes Fleisch in Wallungen. – Aber keine Angst, ich verrate dich nicht.‹

Wenige Minuten später hatte er seinen Parkplatz erreicht.

Maren Koch hatte sich in ihr Atelier im Dachgeschoss zurückgezogen, um zu malen.

Auf der Staffelei stand ein nahezu fertiges Aquarell, ein Bild, das eine Landschaft in südlichen Gefilden zeigte. Im Tal zwischen sanft geschwungenen Hügeln, auf denen Wein angebaut wurde, sah man zwei Bauernhäuser neben einem Flüsschen. Vereinzelt oder in Zweiergruppen ragten Zypressen in die Höhe, aufrecht wie die Zinnsoldaten.

An einer Pinnwand neben der Staffelei hingen zahllose Fotos mit ähnlichen Motiven, Mitbringsel von ihrer Hochzeitsreise in die Toskana im vorherigen April.

Sie war gerade dabei, Farben anzumischen, als ein Knall sie zusammenzucken ließ. Vor Schreck ließ sie den Pinsel fallen.

Der Knall war vom Fenster an der Westseite gekommen. Sie atmete einmal tief durch. ›Wahrscheinlich wieder ein Vogel‹, schoss es ihr durch den Kopf.

Sie erhob sich und trat ans Fenster. Mitten auf der Scheibe klebten ein paar federartige Fusseln.

Vorsichtig öffnete sie das Fenster und beugte sich hinaus. Feiner Nieselregen schlug ihr ins Gesicht. Trotz der einsetzenden Dämmerung konnte sie drei Meter unter sich auf dem Rasen den regungslosen Vogelkörper liegen sehen. Eine Singdrossel, mit ausgebreiteten Schwingen.

›Zum Glück keine Schnepfe‹, dachte Maren Koch. ›Das wär's ja gewesen.‹

Sie zog den Kopf zurück, zögerte jedoch, das Fenster zu schließen. Nachdenklich starrte sie in die graue, nasskalte und unwirtliche Nebelsuppe.

»Kaum zu glauben«, murmelte sie. »Was in drei Teufels Namen macht Felix bei solch einem Schietwetter nur da draußen? Der sieht doch gar nichts. Schon merkwürdig ...«

Rasch schloss sie das Fenster wieder.

Felix Koch hatte sich an einer beuligen, mit Wasserreisern behafteten Roterle postiert, die keine fünf Meter vom Ufer der Hengstbeeke entfernt stand.

Das durch einen Mischwald malerisch mäandernde Flüsschen führte Hochwasser auf zwei Metern Breite. Der viele Regen der letzten Tage hatte den Bach anschwellen lassen.

Im Uferbereich dieses Abschnitts zeigte der Baumbestand große Lücken – geradezu ideal für den Schnepfenstrich. Die im

Zickzackkurs durch die Baumkronen verlaufenden Flugschneisen parallel zur Hengstbeeke boten den Langschnäbeln ein nahezu perfektes Balzterritorium.

Mit dem Rücken an die schroffe Borke der Erle gelehnt, hockte Felix Koch auf seinem Sitzstock. Obwohl es nieselte, hatte er den Kopf in den Nacken geworfen und blinzelte frohgemut in den Abendhimmel. Ein breitkrempiger Hut schützte sein Gesicht vor dem Regen – mehr schlecht als recht. Der wadenlange Wachsmantel und die Gummistiefel hielten den Rest des Körpers weitgehend trocken.

Trotz des widrigen Wetters war der Jäger bester Laune. Nach Wochen der Abstinenz war er endlich mal wieder draußen im Revier. Es regnete zwar, aber es war mild. Der morastige Waldboden, endlich befreit von Eis und Schnee, roch nach Frühling.

Bevor er sie sehen konnte, hörte er sie.

»Quorr – Quorr!« Ein langgezogener, froschartiger Ton. Unmittelbar danach ein hohes »Ziwitz!«

Es waren zwei.

Sie flogen dicht hintereinander her, ungeheuer rasant, trotzdem traumwandlerisch sicher auf der Zickzack-Linie durch die Baumkronen. Vorneweg das Weibchen, stumm, ohne jegliche Lautäußerung – dahinter das laut balzende Männchen.

Damals hatte Felix Koch von seinem Vater gelernt, niemals den voranfliegenden, keinen Laut von sich gebenden Vogel zu schießen, denn das sei immer das Weibchen. So ließ sich die seinerzeit gewünschte Auslese der Männchen zur Frühlingsjagdzeit sicherer realisieren als im Herbst.

Anstatt wie sonst kurzerhand seine Flinte anzubacken, zog der Jäger ehrfürchtig seinen Hut und schwenkte ihn den Vögeln zum Gruß.

»Willkommen, Murkerich«, rief er ihnen nach. »Schön, dass du wieder da bist.«

Die Singdrossel, die gegen die Scheibe geflogen war, ließ Maren Koch keine Ruhe.

Sie wusste, dass man eigentlich eine Viertelstunde warten sollte, um nachzuschauen. Oft hatten die Vögel durch den heftigen Aufprall lediglich einen Schock erlitten, waren einige Augenblicke ohne Bewusstsein oder orientierungslos, erholten sich danach aber rasch wieder und flogen davon.

Kaum fünf Minuten später legte Maren Koch Pinsel und Farbpalette zur Seite und stand auf. Als sie ans Fenster trat, stellte sie fest, dass die winzigen Federreste von der Scheibe verschwunden waren – hinweg gefegt vom Wind oder abgespült vom Regen.

Sie öffnete erneut das Fenster und lehnte sich hinaus. Trotz der fortgeschrittenen Dunkelheit konnte sie deutlich erkennen, dass da unten auf dem Rasen nichts mehr lag.

Erleichtert darüber, dass der Vogel anscheinend die Kollision überlebt hatte, wollte sie gerade das Fenster schließen, als sie die Katze des Nachbarn über den Gartenzaun klettern sah. Deutlich war zu erkennen, dass der Stubentiger Beute im Maul trug. Einen großen Singvogel.

»Herrje!« Maren Kochs Stimmung schlug schlagartig um. Schade. Hatte es die Unglücksdrossel doch erwischt.

Während sie das Fenster zuzog, musste sie an Felix denken. Dass ihr Mann angeblich nur zum Gucken rausgefahren war, ohne Waffe, gab ihr zu denken.

Ein Jäger auf der Jagd – ohne Gewehr. Sehr seltsam.

Seine Hoffnungen hatten sich erfüllt, ›Murkerich‹ war zurück gekehrt. Er hatte mindestens drei verschiedene Schnepfen gesehen, da war sich Felix Koch sicher. Aus beiden Richtungen waren sie gekommen. Mal zu zweit, mal zu dritt. Und mehrmals. Er ging davon aus, dass es sich um ein und dieselben Tiere handelte. Wahrscheinlich um ein Weibchen und zwei um sie buhlende Männchen.

Inzwischen war es stockdunkle Nacht. Der Jäger ohne Waffe stand auf und klappte seinen Sitzstock zusammen. Behutsam, um jede Störung zu vermeiden, löste er sich aus dem Schatten der Erle und stiefelte auf einer Rückegasse Richtung Waldweg. Trotzdem fühlte sich ein Reh von dem nächtlichen Wanderer gestört und sprang laut schreckend ab.

Am Auto angekommen, verstaute Felix Koch den Sitzstock im Kofferraum und stieg ein. Beim Anlassen des Motors blinkte die Tankanzeige.

»Ja ja, ich weiß«, murmelte er mit einem zufriedenen Lächeln. Der Schnepfenstrich war für ihn ein herrliches Erlebnis gewesen. »Ich tanke ja gleich.«

Beim Anfahren auf dem matschigen Weg merkte er noch nichts. Doch je mehr er sich der Landstraße näherte und je fester der Sandweg wurde, desto merkwürdiger reagierte das Fahrzeug auf Lenkbewegungen. Obwohl Felix Koch das Lenkrad gerade hielt, zog der Wagen nach rechts.

»Oh nein!«, entfuhr es ihm. »Jetzt bitte keinen Platten.«

Die Landstraße war schon in Sichtweite – und mit ihr das Sexmobil, dessen bunte Locklichter im Dunkeln blinkten. Ein weiteres Auto war nicht zu sehen, der Freier von vorhin längst wieder daheim. Felix Koch fuhr noch einige Meter, dann hielt er schweren Herzens an. Keine zehn Meter vom Sexmobil entfernt. Genervt stieg er aus.

Im Schein seiner Smartphone-Leuchte betrachtete er das Malheur. Der rechte Vorderreifen war platt wie eine Flunder.

»So ein Mist!«, fluchte er. Ohne die Lampe auszuschalten, rief er die Nummer seiner Frau auf. Nach dreimaligem Klingeln wurde das Gespräch angenommen.

»Maren ... hallo ... Hörst du mich? – Ja, der Empfang hier im Wald ist grad grottenschlecht. – Bin mit dem Auto ... Maren? ... Maren!«

Der Kontakt brach ab. Felix Koch nahm das Telefon vom Ohr und schaute auf das Display. Das Symbol fürs Funknetz zeigte ›keine Verbindung‹.

Eine tiefe, rauchige, auf erotisch getrimmte Frauenstimme ließ ihn zusammenfahren. Sie kam aus dem Dunkeln hinter ihm.

»Na, Süßer, Probleme?«

Natürlich versuchte Maren Koch, ihren Mann zurückzurufen. Mehrmals. Doch vergeblich. Sie hörte nur die automatische Ansage: ›Dieser Anschluss ist vorübergehend nicht erreichbar.‹

Er hat vergessen zu tanken, mutmaßte sie. Hätte ich mir doch denken können. Und nun steht er da, im Wald, ohne Sprit und ohne Reservekanister ... Warum hatte er angerufen? Wollte er etwa, dass ich raus komme und ihm Benzin bringe? Oder wollte er einfach nur Bescheid geben, dass es etwas länger als geplant dauert ...

Erneut versuchte sie, ihn zu erreichen. Doch eine Verbindung kam nicht zustande.

Die nächste Tankstelle war mindestens drei Kilometer entfernt. So weit würde Felix nie und nimmer laufen.

Entschlossen zog sie ihren Malerkittel aus und stieg die Treppe hinunter ins Erdgeschoss. Im Flur schlüpfte sie in Regenjacke und Boots, griff nach Garagen- und Autoschlüssel und verließ das Haus.

»So so, einen Platten hast du«, stellte die Prostituierte lapidar fest. Eine große, hübsche Mittdreißigerin mit dunklen Locken, die Felix Koch schon des Öfteren bei seinen Fahrten ins Revier gesehen hatte. Trotz des schummrigen Lichts konnte er erkennen, dass sie unter dem Daunenmantel, den sie sich wie ein Cape über die Schultern geworfen hatte, nicht viel anhatte. Und dass sie wohlproportioniert war.

»Zu blöd aber auch. Dauert das jetzt lange?«, fragte sie.

»Keine Ahnung. Habe mit dem Wagen noch nie einen Plattfuß gehabt.« Er ging zur Heckklappe und öffnete sie.

»Da vorn hat neulich mitten auf dem Weg 'n Haufen Sperrmüll gelegen«, erklärte sie, während sie ihm zum Heck des Fahrzeugs folgte. »Bauschutt, Bretter und so. Den haben 'se gestern erst abgeholt. Wahrscheinlich bist du in 'nen Nagel oder so was reingefahren.«

»Vorhin, auf der Hinfahrt. Ja, das kann sein.« Felix Koch hob die Abdeckung hoch und griff im Reserveradkasten nach dem Reifenreparaturset.

»Wär schön, wenn's schnell ginge«, drängelte sie. »Du weißt schon. Wegen der Kundschaft.« Sie nestelte an seinem Arm. »Wenn die dein Auto hier sehen, denken sie, ich bin ... besetzt.« Sie musste über ihren ungewollten Wortwitz kichern.

»Ich mache so schnell es irgend geht«, erwiderte er.

Sie wandte sich zum Gehen. »Okay, zieh mich jetzt wieder in meine Suite zurück«, hauchte sie. »Sonst hol ich mir bei dem Wetter noch 'ne Blasenentzündung. – Und du ... beeil dich bloß.«

An der Tankstelle füllte Maren Koch den Fünf-Liter-Kanister, den sie von zu Hause mitgebracht hatte, mit Super-Benzin.

Der Volvo-SUV, den sie vor einem halben Jahr gekauft hatten, war ein Benziner, kein Diesel wie sein Vorgänger. Schweren Herzens hatte sich Felix Koch von seiner Frau überreden lassen, vom Diesel- auf einen Ottomotor umzusteigen. Die Debatte um die Feinstaubbelastung, die im Land umging, und die daraus resultierenden möglichen Fahrverbote für die Großstädte hatten ihn letztendlich umgestimmt.

Sie wollte gerade zurück in ihren Polo steigen, als an der benachbarten Tanksäule ein Kombi anhielt. Sie kannte den Wagen. Er gehörte einer Bekannten, die ebenfalls mit einem Jäger verheiratet war.

»Hallo Maren«, sagte die Frau, nachdem sie ausgestiegen war. »Na, noch so spät unterwegs?«

»N'abend, Kerstin«, erwiderte die Angesprochene. »Ja, aber nicht freiwillig. Felix ist ohne Sprit im Wald liegen geblieben. Da muss ich jetzt hin.«

»Was macht denn dein Felix um diese Zeit und bei so einem Wetter im Wald?«

»Er war auf Schnepfenstrich.«

»Wie bitte?«

»Er hat sich den Balzflug der Waldschnepfen angeguckt. Nur so, ohne Waffe.«

»Ohne Gewehr ins Revier zu fahren ... auf so eine Schnapsidee würde mein Mirco nie kommen.«

»Felix ist da eben anders. Ihm reicht das Naturerlebnis. Er schwärmt richtig davon.«

»Na, wenn da mal nichts anderes dahinter steckt«, frotzelte Kerstin. »Felix, der alte Schwerenöter, auf'm Schnepfenstrich ... klingt einfach ... anzüglich.« Als sie merkte, dass Maren nicht zu Scherzen aufgelegt war, winkte sie ab. »Sorry, Spaß beiseite. War nicht so gemeint.«

»Ich muss jetzt los«, erwiderte Maren Koch ein wenig pikiert, während sie in ihr Auto stieg. »Schönes Wochenende noch.«

Felix Koch hatte zwar schon so manchen Reifen gewechselt, doch mit einem Reifenreparaturset hatte er sich noch nie auseinandergesetzt. Zum Glück war die Anleitung als Bildergeschichte angelegt und somit idiotensicher.

Trotzdem dauerte es eine ganze Weile, bis er Kompressor, Kartusche, Stromkabel und Schläuche in die richtige Position gebracht hatte. Die Dunkelheit und der anhaltende Nieselregen erschwerten das Arbeiten enorm. Sein Smartphone, das er als Taschenlampe nutzte, fiel mehrmals in den Matsch, das Display war inzwischen dreckverkrustet.

Felix Koch hatte gerade den Kompressor eingeschaltet, als ihn und sein Auto grelles Scheinwerferlicht erfasste. Ein Pkw war von der Landstraße abgebogen und steuerte das Sexmobil an. Plötzlich stoppte der Wagen, der Motor heulte auf – und das Fahrzeug setzte wie von der Tarantel gestochen auf die L310 zurück. Mit quietschenden Reifen brauste der Wagen Richtung A7 davon.

Kaum war das Auto verschwunden, da öffnete sich die Tür vom Sexmobil und seine Bewohnerin stieg aus. Auf hochhackigen Pumps stocherte die Prostituierte auf Felix Koch zu. »Das geht so nicht«, rief sie schon von weitem. »Das war jetzt schon das dritte Auto, das wieder durchgestartet ist.«

»Ich habe nur eins gesehen«, entgegnete er trocken. Mit Genugtuung registrierte er, dass der Reifen die Luft zu halten schien.

»Die anderen zwei sind gar nicht erst abgebogen, weil sie dich schon von der Straße aus gesehen haben.«

»Bin ja schon fertig.« Felix Koch schaltete den Kompressor aus und schraubte die Anschlüsse ab.

»Da bin ich aber froh«, seufzte sie. »Samstagabend ist eine meiner Stoß-, äh ... ich meine, eine meiner Hauptgeschäftszeiten.«

Mit breitem Grinsen verstaute er das Reparaturset im Kofferraum und schloss die Heckklappe.

»Hast dich aber ganz schön eingesaut.« Mitfühlend schaute sie auf seine schmutzigen Hände. »Willst du dir nicht wenigstens eben die Finger waschen? In meinem fahrbaren Salon gibt es ein echtes Porzellanwaschbecken.«

»Nein danke. Geht schon.«

»Ach komm! Hast wohl Schiss, dass dich jemand bei mir sieht ...«, kicherte sie anzüglich.

Er protestierte: »Ich doch nicht.«

Auf seine dreckigen Hände starrend, überlegte er einen Moment, nickte dann und antwortete. »Wieso eigentlich nicht?«

Zur Hengstbeeke an der Gailhofer Grenze hatte er gewollt, erinnerte sie sich. Zu einem seiner Lieblingsplätze im Revier. Maren Koch wusste, wo das war.

Im letzten Herbst hatte er ihr die Stelle gezeigt. An einem wunderschönen Oktoberabend. Sie hatten gemeinsam eine Stunde auf einem Hochsitz verbracht, zwei Rehe, einen Fuchs und einen Hasen gesehen. Auf ausdrücklichen Wunsch von Maren Koch, hatte er jedoch nicht geschossen. Obwohl auf alle drei Tierarten Jagdzeit war.

Sie war noch nicht so weit. Dass sie einen Jäger zum Mann hatte, daran musste sie sich erst noch gewöhnen.

Auf der L310 war zu dieser Stunde nicht viel los. Maren Koch ließ Fuhrberg hinter sich, passierte das ›Tanneneck‹ und die Weihnachtsbaumplantage und nahm dann den Fuß vom Gas. Wegen der Dunkelheit und des immer stärker werdenden Regens waren die Sichtverhältnisse miserabel. Sie wollte die Einfahrt in den Wald nicht verpassen.

›Ach ja, da vorn, direkt beim Sexmobil!‹, fuhr es ihr durch den Kopf. ›Da muss ich abbiegen.‹

Sie erreichten das Wohnmobil in dem Augenblick, als auf der Landstraße ein VW Polo auffallend langsamer wurde.

»Bitte, nach Ihnen.« Felix Koch ließ der Prostituierten den Vortritt.

»Doch nicht so förmlich. Das bin ich nicht gewohnt.«

Als Felix Koch den Fuß auf den Tritt des ehemaligen Wohnmobils setzte, bog der Polo von der L310 in den Waldweg ein.

»Oh, nee!«, hörte er es aus dem Inneren des Sexmobils. »Ist hier heute was los. Los schnell rein, Tür zu und Hände waschen.«

Es traf sie wie ein Schlag ins Gesicht.

Eindeutig. Es gab keinen Zweifel. Der Mann, der da gerade in das Sexmobil gestiegen war, das war ihr Felix gewesen.

Wie von Geisterhand getrieben, fuhr sie an der Liebeslaube vorbei und ließ ihren Wagen ausrollen.

»Da steht ja auch sein Auto«, flüsterte sie.

Ihre Lippen waren von einem Moment zum anderen zum Zerreißen spröde geworden.

Emotionslos, einem Roboter ähnlich, schaltete sie Motor, Scheibenwischer und Lichter aus.

Konnte das sein? Ihr Felix bei einer Prostituierten? Sollte sie sich so in ihm getäuscht haben?

Dabei hatte er ihr doch während der Hochzeitsreise in Italien hoch und heilig versprochen, dass seine wilde Zeit ein für alle Mal vorbei wäre.

Als wäre sie hypnotisiert, öffnete sie die Wagentür und stieg langsam aus.

Erinnerungen drangen in ihr Bewusstsein. Erinnerungen, die sie mit Mühe in den tiefsten Schubladen ihres Gedächtnisses vergraben hatte. Sie fühlte sich wie nach einem Schlag in die Magengrube.

Ihr erster Mann hatte sie auf ähnliche Weise hintergangen und gedemütigt. Seine geheim gehaltenen Sado-Maso-Vorlieben lebte er damals in Freudenhäusern aus.

Sie ging zum Heck, öffnete die Heckklappe und griff nach dem Benzinkanister.

»Pah!«, entfuhr es ihr. Schönes Lügenmärchen! Von wegen ›mit dem Auto liegen geblieben‹. Da lief etwas ganz anderes: Hurenstrich statt Schnepfenstrich!

Mit dem Kanister in der Hand kehrte sie zur geöffneten Fahrertür zurück und beugte sich ins Wageninnere. Umständlich kramte sie mit der freien Hand in der Mittelkonsole. Endlich schien sie gefunden, was sie suchte.

Fest entschlossen packte sie zu. Maren Koch hielt in der rechten Hand ein Feuerzeug.

Wie in Trance marschierte sie auf das Sexmobil zu. Stellte sich vor, was da gerade wenige Meter von ihr entfernt in dem schmuddeligen Wohnmobil wohl geschah. Bei dem Gedanken drehte sich ihr der Magen um.

In der einen Hand den Benzinkanister, in der anderen das Feuerzeug, erreichte Maren Koch das Sexmobil.

Sie setzte gerade dazu an, den Kanisterdeckel abzuschrauben, als plötzlich von innen die Tür aufgestoßen wurde. Ihr Mann setzte seinen Fuß auf den Tritt, erschrocken wich er zurück.

»Maren? Wie ... was machst du denn hier?«

Als ob irgend jemand einen Schalter umgelegt hätte, als wäre sie gerade aus einem abgrundtiefen Alptraum erwacht, suchte sie nach einer Antwort.

»Ich dachte ... ich wollte ...«, stammelte sie. Kleinlaut und völlig perplex hielt sie ihm den Kanister entgegen. »Benzin. Für dich. Ich dachte ... Du bist doch liegengeblieben ...«

»Ach so.« Sein Gesicht hellte sich auf. »Ja ... liegengeblieben ja. Aber ich hatte eine Reifenpanne. Musste den Platten reparieren und habe mich dabei ganz schön eingesaut. Hier drinnen konnte ich mir rasch die Hände waschen.«

»Machen Sie sich keine Gedanken«, war da eine weibliche, rauchige Stimme aus dem Hintergrund zu hören. »Ihr Mann hat mich nicht angefasst. Ganz Gentleman.«

»Und das da?« Er deutete auf das Feuerzeug in ihrer rechten Hand. »Was wolltest du ... was hattest du damit vor?«

»Ich ... ich ...«, stotterte Maren Koch verunsichert.

»Ja ...?«

»Ich ... ich wollte mir nur den Weg leuchten ...«, log sie verzweifelt.

Felix Koch stutze, ihm schossen all die Geschichten ins Bewusstsein, die Maren von ihrem Ex-Mann erzählt hatte.

Mit großen Augen schaute er sie an.

Als sie seinem Blick auswich, lief ihm ein kalter Schauer über den Rücken.

# Krippenspiel

Der Winter hielt Einzug im Dorf. Zwar noch ohne Schnee, jedoch mit strengem Nachtfrost. Seit ein paar Tagen war der Teich hinter der Scheune auf dem Gudehus-Hof zugefroren.

Neugierig, wie wir Stein- oder Hausmarder nun mal sind, hatte ich mich letzte Nacht – zum ersten Mal in meinen jetzt beinahe zwei Lebensjahren – aufs dünne Eis gewagt. Es hielt meinen Branten und meinen zwei Kilo Lebendgewicht spielend stand. Das Eis hatte nicht einmal geknackt.

Die Tage waren sehr kurz, die Nächte sehr lang. Obwohl wir als dämmerungs- und nachtaktive Raubtiere dadurch eine weitaus längere Jagdzeit als im Sommer nutzen konnten, wurde die Nahrungssuche von Tag zu Tag schwieriger. Mäuse und Ratten hatten sich längst in ihren Löchern zu den Wintervorräten verkrochen. In den Gärten und an den Wegerändern gab es kein Fallobst mehr, keine Beeren, keine Würmer und Insekten, Vogeleier schon gar nicht. Und die leckeren Hausabfälle auf den Komposthaufen waren im Handumdrehen so steinhart gefroren, dass sich auch ein Steinmarder an ihnen die spitzen Zähne ausbiss.

So kam es, dass sich unsereins im Winter nach alternativen Futterquellen umschauen musste. Nach Futterquellen, die in der Regel nicht ganz einfach und ungefährlich waren, deren Erschließung so mancher waghalsige Artgenosse bereits mit dem Leben bezahlt hatte, also das Eindringen in Hühner-, Gänse- oder Karnickelställe, in Taubenschläge oder Vogelvolieren.

Der Gudehus'sche Hühnerstall war für mich natürlich tabu. Es war ungeschriebenes Marder-Gesetz, dass dort, wo man hauste, den Nutztiermitbewohnern kein Haar, keine Feder gekrümmt werden durfte. Schon um das eigene Zuhause nicht zu verraten oder um den Burgfrieden auf dem Hof zu wahren.

Für diesen Winter hatte ich einen heißen Tipp bekommen. Von meinem Onkel Emil, der vor wenigen Wochen im Morgengrauen von einem Milchlaster auf der Dorfstraße kuhfladenplatt gefahren worden war, stammte das Gerücht, dass der Pastor neuerdings Stallhasen hielt. Es sollte sich um ein halbes Dutzend wohlgenährter Hauskaninchen handeln, die in einem schlecht gesicherten Schuppen im Pfarrgarten untergebracht waren. Diesem Gerücht wollte ich nachgehen.

Es war zwei Tage nach der längsten Nacht des Jahres. Oder besser ausgedrückt: es war in der Nacht vor dem Tag, an dem die Menschen dieses außergewöhnliche Fest feierten. Das Fest, zu dem sich die Zweibeiner eine junge Tanne oder Fichte in die Häuser holten, diese bunt schmückten und mit Kerzen versahen.

Onkel Emil hatte mir mal erzählt, dass es für die Menschen der wichtigste Tag im Jahr war. Die Familiensippen trafen sich, gingen zusammen zur Kirche, aßen und tranken danach wie die Könige und beschenkten sich mit allerlei Gedöns. In manchen Häusern wurde zu dem Anlass auch noch gesungen, während Kinder wie Erwachsene mit verklärtem Blick auf den abgesägten Nadelbaum starrten.

Es war auch ein ganz besonderer Tag für die Kirche. An keinem anderen Tag im Jahr war das Gotteshaus so gut gefüllt wie an jenem Abend. Das ehrwürdige Gemäuer aus Raseneisenstein, anscheinend das älteste Gebäude im Dorf, platzte während des Gottesdienstes förmlich aus allen Nähten. Dementsprechend abgelenkt und beschäftigt waren Pastor, Küster und die restlichen

Dorfbewohner. Ein idealer Zeitpunkt, um dem Pfarrgarten und den Stallhasen einen Besuch abzustatten.

Jedoch wollte ich nichts dem Zufall überlassen. Also beschloss ich, in der Nacht zuvor auf Erkundung zu gehen, um mich zu vergewissern, ob auch alles so zutraf, wie es Onkel Emil geschildert hatte.

Gegen Mitternacht brach ich auf.

Bei sternklarem Himmel und klirrender Kälte verließ ich mein Tagesquartier auf dem Gudehus-Hof und huschte im Schatten der winterkahlen Eichen ins Dorf.

Zehn Minuten später, in denen mir weder Auto, Mensch noch Tier begegnet waren, erreichte ich die Gartenpforte des Pfarrgartens. Ohne Zaudern kletterte ich auf den Zaunpfosten und sprang auf der anderen Seite auf einen knüppelhart gefrorenen Erdpfad, der durch eine verwilderte Obstbaumwiese direkt zum Schuppen führte.

Für mich Tausendsassa, der mühelos Dachziegel anheben und einen Weg durch die schmalsten Öffnungen finden konnte, war es kein Problem, in den garagengroßen Holzbau einzudringen. Rasch hatte ich ein loses Brett gefunden, an dem ich mich vorbeizwängen konnte.

Im Inneren des Schuppens war es stockfinster. Zunächst jedenfalls. Ich benötigte eine Weile, bis sich meine Seher an das wenige Restlicht gewöhnt hatten. Es war nichts Besonderes zu hören, aber viel Interessantes zu riechen. Wahrscheinlich hatten mich die Stallhasen längst bemerkt, waren zu Salzsäulen erstarrt und hatten vor Schreck mit dem Atmen aufgehört.

Beflügelt von den betörenden Duftfahnen, die mir entgegen strömten, schnürte ich weiter. Doch ich kam nur ein paar Sprünge weit, bis meine Tasthaare und Gehöre gegen Draht stießen, gegen engmaschigen Hühnerdraht, der mir den Weg versperrte. Ich versuchte, rechts und links, oben und unten an dem Verhau vorbeizugelangen, da war aber kein Durchkommen. Wie ich im Dämmerlicht erkennen konnte, hatte jemand die hintere Hälfte des Schuppens zu einer Art Voliere umgebaut. Eine mit einem mächtigen Vorhängeschloss gesicherte Pforte versperrte den einzigen Zugang.

Im Innern der Voliere entdeckte ich sechs übereinander gestapelte Kaninchenställe, drei oben und drei unten. Auch diese waren noch einmal von außen mit einem mardersicheren Riegel verschlossen, so dass mich zwei schier unüberwindbare Hindernisse von meiner heiß begehrten Beute trennten. Die dummen Stallhasen jedoch trauten dem Frieden nicht. Sie hatten sich mit vor Angst und Panik pochenden Herzen in den hintersten Winkel ihrer Ställe verkrochen.

Von wegen ›schlecht gesichert‹. Da war Onkel Emil – der allmächtige Tiergott hab' ihn selig – einer Mär aufgesessen.

Zu dumm aber auch.

Da musste ich mir für die kommende Nacht, wenn die Menschen ihr Fest feierten und abgelenkt waren, wohl etwas anderes suchen.

Gerade wollte ich den Rückzug antreten, als ein weiterer vielversprechender Duft meine beiden Nasenlöcher umwehte. Der Duftfahne folgend stieß ich auf eine Holzkiste, die direkt neben der Schuppentür auf dem Boden stand. Der Deckel war nicht verriegelt und ließ sich spielend leicht anheben. In Nullkommanichts war ich in der Kiste verschwunden.

Ich hatte Glück im Unglück. Wenn schon kein Frischfleisch, so doch zumindest vegetarische Kost. Denn ich war in der Futterkiste der Stallhasen gelandet. Heu und Obstbaumzweige interessierten mich weniger, Karotten und Äpfel dafür aber umso mehr. Es waren nicht mehr die frischesten, zum Teil waren sie bereits geschrumpelt, jedoch hatten sie bisher dem Frost und der Fäulnis standgehalten. Voller Gier schlug ich mir den Magen voll.

Nachdem ich mich satt gefressen hatte, trat ich den Rückzug an. Ich nahm den gleichen Weg, den ich gekommen war. Zunächst jedenfalls. An der Pforte zum Pastorengarten entschied ich mich, zur Abwechslung eine andere Route zurück zum Gudehus-Hof zu nehmen. Die Route mitten durchs Dorf.

Als ich wenig später den Bürgersteig an der Kirche entlang schnürte, passierte ich eine dieser Blechkisten auf vier Rädern, die sein Besitzer gerade erst abgestellt haben musste. Noch deutlich war die Wärme zu spüren, die das Vehikel in jener bitterkalten Nacht ausstrahlte.

Ich hatte eine Vorliebe für Blechkisten. In ihren engen, verwinkelten Innereien konnte man herrlich spielen, alles Mögliche anknabbern, sich verstecken und sein Revier markieren. Ohne lange zu überlegen, kroch ich unter die Blechkiste und kletterte an der Vorderachse hinauf.

Die Wärme tat mir gut. Hinzu kam das wohlige Gefühl meiner Sattheit. So kam es, dass ich mich alsbald zusammenrollte, um ein kleines Nickerchen zu halten.

Ein Kratzen und Schaben weckte mich.

Ich wusste nicht, wie lange ich geschlafen hatte. Jedenfalls musste es mehr als nur ein Nickerchen gewesen sein. Denn vom Erdboden und durch die Ritzen der Blechkiste drangen bereits die Strahlen einer fahlen Wintermorgensonne. Verflucht! Da hatte ich doch glatt verpennt.

Das schabende Geräusch wurde heftiger. Es war jetzt genau über mir. Instinktiv ließ ich mich aus der Blechkiste auf den Asphalt fallen. Geräuschlos landeten meine vier Branten unweit zweier Menschenfüße.

Der Besitzer der rollenden Blechkiste schien der Verursacher der Geräusche zu sein, denn er beugte sich weit über das Vehikel und fuchtelte mit den Armen. Dabei schnaufte er angestrengt.

Wolken von Eiskristallen rieselten neben mir auf den Bürgersteig.

Dann öffnete der Zweibeiner die Blechkistentür, kletterte hinein und startete den Motor. Für mich war es höchste Zeit zu verschwinden.

Doch just in dem Augenblick, als ich in die Hecke schlüpfen wollte, die das Kirchengrundstück von der Straße trennte, kam ein Hund auf dem Bürgersteig daher getrabt. Nicht irgendeiner, sondern Harro vom Stünkel-Hof, ein Deutsch-Drahthaar-Rüde, der größte, stärkste, schnellste und blutrünstigste Jagdhund des gesamten Dorfes.

Mit rutschte das Herz in die Luntenspitze. Der widerliche Kläffer musste mich gesehen haben. Oder nicht? Hatte er zur Straße geschaut, wo Hans Stünkel Junior mit dem Fahrrad unterwegs war? Der zehnjährige Steppke fuhr oft mit dem Hund spazieren.

Noch bevor ich mir mein Marderhirn weiter zermarterte, hörte ich ein hysterisches Gejaule, das sich mit atemberaubender Geschwindigkeit näherte. Das konnte nur von Harro stammen. Im Hintergrund hörte ich Hans rufen.

Ich passierte gerade einen Grabstein von Anno dazu mal, als Harro um die Ecke bog. Mit schierer Mordlust in den Augen, vor Geifer triefenden Lefzen und mit weit heraushängender, hechelnder Zunge raste er direkt auf mich zu.

Wohin nur? Vor mir die Kirche, hinter mir die Straße. Keine Möglichkeit, mich in Sicherheit zu bringen. Kein Baum, kein Strauch, kein Telefonmast, kein löchriger Schuppen – nur der Grabstein. Und der war gerade mal so hoch wie eine Hundehütte.

Harro war nur noch wenige Meter von mir entfernt, als plötzlich die Seitentür der Kirche von innen geöffnet wurde. Der Küster, ein gebeugter, weißhaariger Zweibeiner, trat vor die Tür und blinzelte in die tiefstehende Wintersonne. In der rechten Hand hielt er einen Besen.

Ich hatte mich bereits in den ewigen Jagdgründen gesehen, als mir die Erleuchtung kam. Den Küster musste mir Franz von Assisi, der Schutzpatron der Tiere, geschickt haben. Einladend breitbeinig stand er vor der offenen Kirchentür.

Noch bevor Harro zuschnappen konnte, schnellte ich dem verdutzten Küster durch die Beine und tauchte im Dunkel der Kirche unter. Hinter mir jaulte mein Verfolger noch vor Wut und Enttäuschung auf, dann begann er, wild zu bellen. Vielleicht auch vor Schmerz. Denn der Küster hatte geistesgegenwärtig den Besen geschwungen, um Harro das Eindringen in die Kirche zu verwehren.

Kurz darauf fiel die Tür ins Schloss. Draußen schimpfte der Küster mit dem Jagdhund, der ohne Unterlass bellte. Erst die helle Stimme von Hans Stünkel brachte den wütenden Kläffer wieder zum Schweigen.

Unter einer Sitzbank hockend atmete ich erst einmal tief durch. In dem leeren, in schummriges Licht getauchten Kirchenschiff fühlte ich mich vorerst sicher. Hier wollte ich in aller Ruhe bis zum Abend ausharren, um dann im Schutz der Dunkelheit den Heimweg anzutreten.

Doch die Ruhe währte nicht lange. Die Seitentür öffnete sich und der Küster kam zurück in die Kirche. Er schimpfte immer noch – und schwang erneut den Besen. Mit dem Stiel klopfte er auf die Holzbänke, begann ganz hinten, ging von Reihe zu Reihe. Dabei gab er seltsame Geräusche von sich, die an das Gurren der Ringeltauben erinnerten. Es klang, als wollte er jemanden locken. Da sonst niemand in der Kirche war, verstand ich schnell, wem das Klopfen und Locken galt.

Bevor der Küster meine Bankreihe erreichte, schnürte ich rasch nach vorn, bis in die erste Reihe. Dort, hinter zwei Steinstufen, stand – oh Wunder – auf der erhöhten Plattform vor dem Altar eine grob zusammengezimmerte Holzhütte, die so gar nicht zu dem übrigen Mobiliar der Kirche passen wollte.

Da der Kirchendiener bedrohlich näher kam, blieb keine Zeit, mir Gedanken über das merkwürdige Bauwerk zu machen. Kurzentschlossen sprang ich die zwei Stufen hinauf. Erst jetzt sah ich die Futterkrippe, die bis zum Rand mit Stroh gefüllt war. Etliche Strohhalme lagen am Boden zerstreut, ich fühlte mich an Gudehus' Scheune erinnert.

Ohne lange zu überlegen, machte ich einen Satz auf den Krippenrand und tauchte im Stroh unter. Das knochentrockene, goldgelbe Gerstenstroh duftete herrlich. Vorsichtig blinzelte ich durch die Halme.

Der Küster hatte inzwischen die erste Bankreihe erreicht. Missmutig stemmte er beide Hände in die Hüften. Er schien zu überlegen. Nachdem er in alle Richtungen gespäht hatte, verharrte sein Blick kurz auf dem Holzverschlag mit der Krippe. Schließlich wandte er sich ab und verschwand, wüste Verwünschungen murmelnd, in der benachbarten Sakristei.

Erleichtert machte ich es mir in meinem Strohversteck bequem, um den Abend abzuwarten.

Die Sonne hatte ihren höchsten Stand überschritten, als ich ein weiteres Mal gestört wurde. Der Küster kam zurück – jetzt ohne Besen – und mit ihm der Pastor. Zu meiner Verwunderung knipsten sie am helllichten Tag die Deckenlampen an und öffneten die drei Türen, die nach draußen führten. Ein eiskalter Luftzug durchwehte plötzlich das Kirchenschiff.

Küster und Pastor liefen wie aufgeschreckte Hühner durch die Bankreihen und klatschten in die Hände. Erst zaghaft, dann immer lauter.

Mir wurde rasch klar, was die Aktion bezwecken sollte. Doch ich dachte gar nicht daran, mein kuscheliges Versteck zu verlassen,

um mich mitten am Tag und mitten im Dorf hinaus auf die Straße zu wagen. Harro und seine zähnefletschenden Kumpane warteten wahrscheinlich nur darauf, dass ich diese Dummheit beging.

Also kroch ich noch tiefer ins Stroh und harrte der Dinge, die da kommen würden. Meine Dickfälligkeit zahlte sich aus. Schon bald rief der Pastor dem Küster etwas zu. Der verschloss zunächst die Türen, löschte dann das Licht, und wenig später war ich wieder allein.

Der Heilige Abend, wie ihn die Zweibeiner nannten, konnte kommen.

Brandgeruch weckte mich aus meinem Tagesschlaf und versetzte mich in Alarmbereitschaft. Als Scheunen- oder Dachbodenbewohner war man für Feuer ganz besonders sensibilisiert. Ich streckte mein Haupt aus dem Stroh und entdeckte den Verursacher der Stänkerei: Der Küster stand am Altar und hantierte mit brennenden Kerzen. Im gesamten Kirchenschiff brannten bereits welche, für mich sah das sehr bedrohlich aus.

Wie durch die Kirchenfenster zu erkennen war, hatte draußen inzwischen die Dämmerung Einzug gehalten. Die ersten Zweibeiner betraten die Kirche, meist in kleinen Gruppen, und schlossen brav hinter sich die Tür. Die lausige Kälte sollte wohl draußen bleiben. Im Moment bot sich also keine gute Gelegenheit zu fliehen. Ich musste bis zum Schluss des Gottesdienstes warten. Dann strömten wahrscheinlich alle auf einmal hinaus, die Türen blieben länger offen. In dem Trubel dürfte es für mich ein Leichtes sein, zwischen den Menschen hinaus in die Freiheit zu springen.

Ich kroch bis an den Boden der Krippe und verhielt mich mucksmäuschenstill. Schon bald erklang Orgelmusik, die Zweibeiner sangen. Nach dem Lied war gar nicht weit von mir das tiefe und laute Organ des Pastors zu hören. Dann plötzlich helle, schüchterne Stimmen. Kinderstimmen. Sie näherten sich zusehends meiner Krippe.

Besorgt, aber auch neugierig, reckte ich behutsam mein Haupt in die Höhe und schielte ohne Stroh aufzuwerfen durch die Halme.

Was ich da sah, verwunderte mich schon sehr.

Zwei Menschenkinder standen unweit der Krippe. Trotz ihrer Verkleidung – das Mädchen trug einen weiten Umhang über Kopf und Schulter, der Junge Hut, Fellweste und einen langen Stock – erkannte ich sie sofort. Es waren Henriette, das elfjährige Nesthäkchen vom Gudehus-Hof, und Hans. Zu meiner Erleichterung schien Stünkel Junior dieses Mal ohne Harro unterwegs zu sein.

Die beiden Kinder redeten ohne Unterlass, gestikulierten dabei gekünstelt wie Erwachsene. Dabei näherten sie sich der Krippe. Henriette hatte die Arme angewinkelt und hielt etwas in ihren Händen. Eine Puppe, die in weiße Windeln gewickelt war. Zu meinem Entsetzen trat sie einen Schritt vor – und legte das Bündel zu mir ins Stroh. Direkt auf mich drauf. Danach ließ sie sich mit einem tiefen Seufzer auf einen Holzschemel fallen, der neben der Krippe stand.

Als Hans seine Hand ausstreckte, um die Puppe mit Stroh zu bedecken, wurde es mir zu bunt. Ich biss zu.

Hans schrie wie am Spieß – ich hatte seinen kleinen Finger erwischt – und Henriette sackte vor Schreck rücklings vom Schemel. Da mein Versteck nun verraten war, blieb nur, das Weite zu suchen. In hohem Bogen sprang ich aus der Krippe.

Hysterisches Kindergeschrei empfing mich, wohin ich auch lief. Der gesamte Altarraum wimmelte vor halbwüchsigen Zweibeinern, die allesamt verkleidet waren: als Engel, Könige, Hirten, Kuh und Esel. Wie eine wild gewordene Hühnerschar stoben sie vor mir auseinander, stolperten, schlugen lang hin. Unbeabsichtigt und unfreiwillig hatte ich für Chaos und Panik in der Kirche gesorgt.

Die Zweibeiner waren von ihren Sitzbänken aufgesprungen, einige kamen durch die Gänge nach vorn gelaufen. Die Menschen bildeten eine undurchdringbare Wand. Dabei starrten sie mich an, als wäre ich der Leibhaftige persönlich, der gerade aus der Hölle zu ihnen gekommen war.

Hilfesuchend schaute ich mich um. Zu allem Überfluss kam von der anderen Seite der Küster aus der Sakristei gestürzt. Mit grimmigem Gesichtsausdruck hielt er, erneut mit dem Besen bewaffnet, direkt auf mich zu.

Derart umzingelt hatte ich keine andere Wahl, als in die abgesägte Fichte zu springen, die seitlich des Altars aufgestellt worden war. Behände kletterte ich an ihr empor. Die unzähligen, mich blendenden Kerzen waren zum Glück nicht echt, so dass ich mir nicht auch noch meinen Balg ansengte.

In der äußersten Spitze angekommen, schwankte der Baum bedrohlich - wie in einem heftigen Herbststurm. Den Schwung nutzend, sprang ich im günstigsten Augenblick ab, um mit allen vier Branten sicher auf der Empore zu landen. Der Aufschrei der Zweibeiner unter mir drückte nicht nur Entsetzen, sondern auch – da war ich mir ganz sicher – eine Spur Bewunderung für mein akrobatisches Auftreten aus.

Auf der Brüstung der Empore schnürte ich rasch weiter.

Hier oben gab es keine Sitzbänke, sondern nur die Orgel – und einen einzigen Menschen. Der Organist, ein kugelrunder Dorfschullehrer mit Pferdeschwanz, hatte mich längst spitz gekriegt und war von seiner Sitzbank aufgesprungen.

Zu meinem Erstaunen lief er aber nicht die Treppe hinab, sondern zu der schmalen Holztür, die neben dem Orgelkasten in den Kirchturm führte. Kurzerhand stieß er die Tür auf, um danach generös zurückzutreten.

Dankbar rauschte ich an ihm vorbei in die stockdunkle Kälte des Turms. Hinter mir schloss sich die Tür wieder.

Augenblicke später hockte ich vor dem Eulenloch, das ich von diversen nächtlichen Ausflügen zum Kirchturm gut kannte, und schnupperte in die Nacht hinaus. Es roch nach Schnee.

Schon mehrere Male war ich durch diese Luke zum Fledermausjagen in den Turm geklettert. Der rauhe Raseneisenstein und die mächtige Linde, deren obere Äste bis an das Gemäuer ragten, ermöglichten einen relativ bequemen Ein- und Ausstieg.

Das Orgelspiel setzte wieder ein.

Um jedes Risiko zu vermeiden, beschloss ich, mit dem Abstieg bis nach dem Ende des Weihnachtsgottesdienstes zu warten.

Eine Stunde später brach die Heilige Nacht an.

Im Dorf herrschte eine feierliche Stille, die Menschen waren in ihre Häuser zurückgekehrt. Keine Blechkiste, kein Zweibeiner und auch kein vierbeiniger Kläffer kreuzten meinen Weg: der ideale Zeitpunkt für die Rückkehr zum Gudehus-Hof.

Durch die Wohnzimmerfenster der hell erleuchteten Fenster sah ich den flackernden Schein der Kerzen, die reich geschmückten Tannenbäume – und die Zweibeiner, die ungewöhnlich friedlich wirkten. Aus einigen Häusern drangen heller Gesang und fröhliche Kinderstimmen.

Mein Magen knurrte. Ich hatte schrecklichen Hunger.

Bei den Menschen gab es leckeres Essen, knusprige Weihnachtsbraten. Von den Gänsen zum Beispiel, die bis vor kurzem auf dem Gerns'schen Hof noch vorlaut geschnattert hatten. Mir lief das Wasser im Fang zusammen.

Trotzdem zog es mich heim.

Mein Bedarf an Abenteuern war für heute gedeckt. Erst die Blechkiste, dann der Hund, danach der Küster, zum Schluss das Krippenspiel und die Flucht in den Kirchturm. Man sollte das Glück nicht überstrapazieren. Morgen war auch noch ein Tag.

Auf dem Gudehus-Anwesen herrschte stockfinstere Nacht. Die Außenbeleuchtung war nicht eingeschaltet, also wählte ich den direkten Weg zur Scheune: mitten über den Hof.

Ich war keine zehn Marderlängen von der Haustür entfernt, als diese sich plötzlich öffnete.

Der Schein der Flurlampe warf einen kleinen, menschlichen Schatten auf das Hofpflaster. Den Schatten eines Mädchens: Henriette. Wie angewurzelt verharrte ich in meiner Position, wagte es nicht, mich zu rühren, starrte zum Haus hinüber.

Henriette hielt etwas in den Händen. In der einen die Puppe aus der Kirche, die Hans zu mir in die Krippe gelegt hatte. In der anderen einen Porzellanteller, den sie vorsichtig auf den Fußabtreter stellte. Was sich auf dem Teller befand, konnte ich wegen des gleißenden Gegenlichts nicht erkennen.

Leichtfüßig kehrte Henriette ins Haus zurück, die Tür schloss sich wieder.

Meine Neugier ließ mich nur wenige Augenblicke warten, dann schnürte ich schnurstracks zur Haustür. Schon bevor ich den Fußtritt erreichte, roch ich die Köstlichkeit.

Rasch hatte ich Gewissheit: Auf dem Teller lag – eine Wurst. Eine appetitlich warme, in der kalten Winternacht dampfende Bockwurst.

Für wen die nur gedacht war?

Der Hofhund war lange tot, die Katze im Haus, die Igel hielten Winterschlaf.

War das Würstchen etwa für mich bestimmt?

Ohne lange zu fackeln, biss ich zu. Um meine Zunge nicht zu verbrennen, trug ich die Beute mit langen Zähnen über den Hof in Richtung heimatlicher Scheune.

Jetzt war auch für mich – Weihnachten!

# Extrawurst

Das Geschäft in der Fleischerei Böhme brummte. Wie jedes Jahr im Dezember. Alle Welt bestellte zum Weihnachtsfest einen besonderen Braten, am liebsten einen Wildbraten. Einen Wildbraten aus heimischen Wäldern. Aber auch Würste waren gefragt. Denn in Norddeutschland ist es Tradition, an Heiligabend – bevor die Völlerei an den Festtagen so richtig losgeht – sich mit Würstchen und Kartoffelsalat zu begnügen.

Wild war Jörg Böhmes Spezialität. Er war nicht nur Schlachter, sondern auch Jäger, Mitpächter in einem Hochwildrevier, das sich keine zehn Kilometer entfernt am Rand der Lüneburger Heide befand. Von dort bekam er seine Wildschweine, das Rotwild und die Rehe. Entweder schoss er die Stücke selbst – er war passionierter Sauenjäger –, oder er übernahm sie von seinen Mitjägern. Die waren oft froh, dass sie einen ortsansässigen Abnehmer für ihr Wild hatten. Besonders seit der Zeit, in der sich die jährliche Schwarzwildstrecke durch den intensiven Maisanbau in den Jagdrevieren vervielfacht hatte.

Außer den beiden Klassikern Rücken und Keule, die als Festtagsschmaus traditionell am meisten nachgefragt wurden, war Böhmes Wildbratwurst der große Renner. Diese gab es ausschließlich in der Advents- und Weihnachtszeit.

Nach den unzähligen Drückjagden im Oktober und November kam es in der Südheide nicht selten zu einer Wildbretschwemme. Und was konnte ein Schlachter mit den vielen Blättern, Rippen und Hälsen – außer sie zu Ragout zu schnippeln – besser anstellen, als sie zu Wurst zu verarbeiten.

Auf die Kunst der Wurstfertigung verstand sich Jörg Böhme bestens. Seine Adventswildbratwurst – das Rezept hütete er wie seinen Augapfel – war letztes Jahr vom DFV, dem Deutschen Fleischer-Verband, prämiert worden. Die Würste fanden reißenden Absatz in der gesamten Region, sogar über die Grenzen Niedersachsens hinaus.

Neben seinen beiden Leidenschaften Schlachterei und Jagd pflegte Jörg Böhme noch eine dritte Leidenschaft: Kateryna, seine Ehefrau. Sie war eine junge, rassige, bildhübsche Frau mit kohlrabenschwarzer Lockenmähne und einer Jennifer-Lopez-Figur. Jörg Böhme hatte sie vor drei Jahren in Hannover auf der Messe *Pferd und Jagd* kennengelernt, wo sie als Hostess für einen namhaften Waffenanbieter tätig gewesen war.

Von seiner Seite war es Liebe auf den ersten Blick gewesen.

Bei ihr erst auf den zweiten. Kateryna stammte aus ärmlichen Verhältnissen, hatte lediglich den Hauptschulabschluss und eine abgebrochene Ausbildung zur Einzelhandelskauffrau vorzuweisen. Nachdem Jörg Böhme ihr seine Visitenkarte überreicht und eine Freundin ihr gesteckt hatte, dass der Verehrer mit der sauteuren Hirschlederjacke anscheinend eine gute Partie war, begann sie sich für ihn zu interessieren. Schweren Herzens folgte sie seiner Einladung, aufs Land zu ziehen und in der Fleischerei zu arbeiten. Ihre heiß geliebte Stadt mit den glitzernden Boutiquen, Diskos und Bars verließ sie nur widerwillig.

Die beiden wurden ein Paar und schon vier Monate später wurde geheiratet – Grund genug für Kateryna, die Arbeit im Schlachterladen mit sofortiger Wirkung einzustellen. Jörg Böhme sah es ihr in seiner Verliebtheit nach, dass sie sich mehr für Schmuck und Kleider als für Steaks und Würste interessierte. Das Tanzbein schwang sie mit Begeisterung und Temperament, was man vom hüftsteifen, leicht zur Fülligkeit neigenden Schlachtermeister nicht gerade behaupten konnte.

Beim örtlichen Schützenfest, dem Tanz in den Mai oder auf dem Jägerball blühte Kateryna regelrecht auf; sie tanzte, sang und vergnügte sich stets bis in den frühen Morgen. Dabei zeigte sie keinerlei Scheu vor anderen Männern. Sie war seine Prinzessin, und Jörg Böhme ließ trotz der warnenden Worte seiner Jagdkumpel nichts auf sie kommen.

Die unheilvolle Geschichte begann am Samstag vor dem zweiten Advent, am späten Vormittag. Es sollte für Jörg und Kateryna Böhme das zweite – und ein sehr denkwürdiges – Weihnachtsfest werden. In der Nacht hatte es ordentlich Frost gegeben, wie schon in der Woche zuvor. Noch lag kein Schnee, allerdings hatten sowohl das Barometer als auch der Wetterbericht einen baldigen Wetterumschwung vorausgesagt.

Seit gut zwei Stunden war Jörg Böhme mit dem Transporter unterwegs, um seine Wildbratwürste bei diversen Weihnachtsmärkten auszuliefern. Er hatte gerade eine Fuhre in Celle ausgeladen und war auf dem Weg nach Braunschweig, als er die Unwetterwarnung im Autoradio hörte. Spätestens am Mittag würde eine Warmfront mit Regen über Norddeutschland hinwegziehen. Wenn der Niederschlag auf den durchgefrorenen Boden träfe, wäre mit gefährlichem Blitzeis zu rechnen. Speziell Autofahrer in der Mitte Niedersachsens sollten sich auf äußerst schwierige Straßenverhältnisse einstellen.

»Verdammte Scheiße!«, fluchte Jörg Böhme wenig weihnachtlich, während im Radio Chris Rea ›Driving home for christmas‹ röhrte. »Das hat mir heute gerade noch gefehlt.« Er steuerte den nächsten Parkplatz an und telefonierte. Nach Rücksprache mit den beiden Würstchenbudenbetreibern in Braunschweig und Goslar sagte er seine Tour ab und versprach, am folgenden Vormittag, dem zweiten Adventssonntag, zu kommen.

Als eine Dreiviertelstunde später die ersten Regentropfen auf die Windschutzscheibe tröpfelten, bog er wohlbehalten in den

Hof der Schlachterei ein. Das Ladengeschäft hatte schon geschlossen, die Mitarbeiter waren bereits ins Wochenende gegangen. Nachdem er seinen Wagen leergeräumt und die Würste in der Kühlkammer verstaut hatte, fiel sein Blick auf die leere Garage.

»Dieses Schaf ...«, murmelte er, während er sein Handy hervorkramte und eine Zielwahltaste drückte. Mit Sicherheit hat sie weder Wetterbericht noch Verkehrsfunk gehört und ist einfach so losgedüst.

Die Mailbox sprang an. Jörg Böhme verdrehte die Augen und steckte das Handy weg.

Sie wird shoppen sein, vermutete er. In der Stadt. Aber warum diese Heimlichtuerei? – Sein Gesicht hellte sich auf. – Ach, daher hat sie beim Frühstück nichts davon erzählt. So kurz vor Weihnachten besorgt die Prinzessin bestimmt etwas Schönes für ihren Prinzen ...

Jörg Böhme überlegte, was er mit dem unerwartet freien Nachmittag anfangen sollte. Das angekündigte Blitzeis trat zwar ein, war aber wegen des geringen Niederschlags längst nicht so dramatisch wie befürchtet. Da er seit Tagen nicht mehr im Revier gewesen war, beschloss er, seinen Land Rover aus dem Schuppen zu holen und eine Spritztour durch den Busch zu machen. Auf den Feld- und Waldwegen würde ihn das Glatteis kaum behindern.

Nachdem er den Geländewagen mit Büchse, Fernglas, der Wachtelhündin Mücke und zwei Eimern Mais für die Sauen beladen hatte, brach er auf.

Die Jagdhütte lag etwas abseits vom Hauptweg mitten im Wald, gut getarnt durch eine enge Baumreihe haushoher Rotfichten. Als Jörg Böhme die Zufahrt passierte – eigentlich hatte er keine Veranlassung gehabt, der Hütte einen Besuch abzustatten – glaubte er, zwischen dem Fichtengrün etwas aufblitzen gesehen zu haben.

»Nanu? – Ein Auto?« Er trat auf die Bremse, setzte zurück und fuhr in die schmale Einfahrt zur Hütte. Schon bald stoppte sein Land Rover neben einem BMW.

»Der Peter«, entfuhr es Jörg Böhme. »Na, da schau einer an ...« Er schaltete den Motor ab und stieg aus. Die Hündin blieb im Auto. Als er sich der Hütte näherte, sah er den Rauch, der aus dem backsteinernen Schornstein stieg.

Aha, mutmaßte er, mein Jagdkompagnon hat es sich gemütlich gemacht. Er hätte sich ja ruhig mal anmelden können ...

Den Türgriff hatte er bereits in der Hand, als er plötzlich innehielt. Aus dem Hütteninneren vernahm er plötzlich Geräusche. Die Geräusche waren recht laut und – eindeutig. Sie stammten von zwei Personen: einer männlichen und einer weiblichen.

Jörg Böhme nahm die Hand zurück.

Peter, dieser Schwerenöter! Er musste grienen. Jetzt schleppte er seine Madames aus der Stadt schon in den Wald. Dabei hatte er doch eine superschicke Penthouse-Wohnung im hannoverschen Zooviertel. Mit Sauna, Whirlpool, Spiegelwänden und anderem Schnickschnack. Vielleicht brauchte er mal ein wenig Abwechslung, dieser nimmersatte Casanova. Der verführerische Charme einer Jagdhütte war auch nicht ohne. Wahrscheinlich trieben sie es auf der Sauschwarte direkt vor dem Kamin, vermutete er.

Gerade wollte Jörg Böhme gentlemanlike auf leisen Sohlen den Rückzug antreten, als er stutzte. Das Gequieke, das der weiblichen Stimme zuzuordnen war, kam ihm irgendwie bekannt vor. Sehr bekannt sogar.

Er trat einen Schritt vor und presste sein Ohr an die Holztür. Nun waren auch Worte zu hören, eher Schreie, spitze Schreie, wiederum von der Frau.

»Mach ... mach mir den Hirsch!«, hörte er deutlich die weibliche Stimme kreischen.

Die Stimme von Kateryna!

Jörg Böhme riss die Tür auf und stürmte in die Hütte. Wie er vermutet hatte, wälzten sich die beiden auf der Sauschwarte vor dem munter flackernden Kamin.

»Ihr Schweine!«, brüllte er außer sich. »Wie könnt ihr nur ...!«

Das Paar fuhr auseinander. Noch halb bekleidet setzten sich beide auf und hangelten nach ihren Wäschestücken.

»Jörg, Mensch! ... Du hier? ...«, stotterte Peter, während er versuchte, seine Boxershorts über die Knie zu ziehen.

»Ja, ich hier!«, donnerte der Schlachter mit bebender Stimme. Sein Blick suchte den seiner Frau. Doch Kateryna Böhme hatte sich abgewandt, aus Scham – und um ihre Bluse zuzuknöpfen.

»Es ist nicht, wie du denkst ...!« Peter kniete sich hin, damit er seine Unterhose hochziehen konnte.

»So, wie denke ich denn?« Bevor er sichs versah, hielt Jörg Böhme plötzlich den Schürhaken in der Rechten. Er schwang das Eisen bedrohlich durch die Luft.

»Jörg, bitte!«, flehte Peter. Wie er da auf den Knien herumrutschte, machte er einen jämmerlichen Eindruck. »Es war ... es ist ... ich wollte doch nur ...«

»Rede weiter!« Jörg Böhme hielt den Schürhaken nun wie ein Schwert in die Höhe. Seine Stimme bebte vor Wut und Enttäuschung. »Was wolltest du nur?«

Kateryna hatte sich inzwischen notdürftig angekleidet und zur Tür gestohlen. Ohne sich umzudrehen, huschte sie zur Tür hinaus.

»Bitte, Jörg ... nicht!«, hörte sie Peter kreischen.

Sie hastete zu ihrem Wagen, den sie hinter dem Holzschuppen versteckt hatte. Als sie die Autotür öffnete, drang aus der Hütte ein markerschütternder Schrei.

❖

Sie lag schon seit Stunden im Bett, als der Land Rover auf den Hof rollte. Nach ihrer Rückkehr hatte sie geduscht, eine halbe Stunde lang und sehr heiß, bis ihre Haut ganz schrumpelig geworden war. Mit einer Flasche Cognac war sie danach ins Schlafzimmer geflüchtet. Ohne ein Glas zu benutzen, hatte sie die Flasche bereits spürbar geleert.

Der Blick auf die Uhr auf dem Nachtisch verriet, dass es schon 19.30 Uhr war. Sie sprang aus dem Bett – und merkte erst jetzt, wie angetrunken sie war. Mit wackligen Beinen trat sie ans Fenster und zupfte vorsichtig an der Gardine. Da es im Schlafzimmer stockdunkel war, wagte sie einen heimlichen Blick auf den Hof hinab.

Im Schein der Lampen sah sie, dass der Land Rover direkt neben dem Kühlhaus stand. Die Heckklappe war geöffnet. Von Jörg war nichts zu sehen. Nur Mücke, die Wachtelhündin, schwänzelte aufgeregt um das Heck des Fahrzeugs.

Plötzlich ging das Licht auf dem Hof aus. Nachdem sich ihre Augen an die Dunkelheit gewöhnt hatten, entdeckte sie eine menschliche Gestalt, die aus dem Kühlhaus trat. Die Scheinwerfer blieben ausgeschaltet. Jörg Böhme – sie nahm jedenfalls an, dass es sich um ihren Mann handelte – hatte den Bewegungsmelder deaktiviert.

Doch, warum nur? Sollte niemand – oder insbesondere sie nicht – mitbekommen, was er dort unten trieb? Eigentlich war der Fleschereihof von den benachbarten Häusern aus nur schlecht einsehbar.

Und was – um Gottes Willen – war mit Peter? Hatte Jörg ihn verdroschen, etwa mit dem Schürhaken? Und ihn hilflos in der Hütte zurückgelassen?

Im Zwielicht erkannte sie, wie die Gestalt sich an der Heckklappe des Land Rover zu schaffen machte. Er wird ein Reh oder eine Sau geschossen haben, vermutete sie. Das Kühlhaus diente auch als Wildkammer. Aber warum diese Heimlichtuerei, warum ohne Licht?

Etwas Schweres und Großes rutschte aus dem Auto und plumpste auf den Asphalt, die Gestalt ging in die Knie. Mücke kläffte laut, der Mann packte mit beiden Händen zu und schleifte seine schwere Fracht in den Kühlraum. Schon nach wenigen Minuten kam er wieder heraus, schloss die Heckklappe, stieg in den Fond und fuhr den Wagen in den Schuppen nebenan.

Kateryna Böhme huschte zurück zum Bett und nahm rasch einen weiteren Schluck aus der Cognacflasche. Darauf verkroch sie sich unter der Decke und stellte sich schlafend.

Zehn Minuten verstrichen, ohne dass sich was tat. Sie lupfte die Bettdecke und lauschte. Im Haus war es mucksmäuschenstill. Wo er nur blieb?

Sie wünschte sich, dass er kommen und ihr eine Szene machen würde. Ihretwegen sollte er brüllen, sie beschimpfen, schlagen oder sonst was mit ihr anstellen ... sie wollte es nur endlich hinter sich haben.

Eine halbe Stunde später hielt sie es im Schlafzimmer nicht länger aus. Sie warf sich den Bademantel über, schlüpfte in die Hausschuhe und schlich wankend die Treppe hinab. Im Erdgeschoss war niemand. Sie öffnete vorsichtig die Haustür und warf einen Blick auf den Hof. Mücke lag friedlich im Zwinger, von Jörg war nichts zu sehen.

Da sah sie das Licht im Schlachthaus. Zwei kleine Fenster, Oberlichter, die zum Hof zeigten, waren hell erleuchtet.

Was - zum Teufel - machte ihr Mann am Samstagabend um diese Uhrzeit noch im Schlachthaus? Wenn er ein Stück Wild geschossen hätte, würde er dies erst mal abhängen lassen.

Ihre Neugier trieb sie hinaus auf den Hof, hin zum Schlachthaus. Unschlüssig stand sie vor der schweren Eisentür, sie traute sich nicht weiter. Als sie zu den beiden Fenstern hinaufschaute, die in unerreichbarer Höhe lagen, bemerkte sie, dass eines davon gekippt war.

Im gleichen Moment hörte sie, wie drinnen im Schlachthaus eine elektrische Maschine eingeschaltet wurde.

Sie kannte all die Gerätschaften ihres Mannes gut genug. Was da mit singendem Ton anlief, war die Knochensäge. Und als Sekunden später der Fleischwolf in Betrieb ging, befiel sie eine böse, eine ungeheuerliche Ahnung.

Voller Panik hastete sie zurück ins Haus.

Nachdem sie endlich ihr Handy gefunden hatte – es steckte noch in der Jackentasche an der Garderobe – hockte sie sich auf die Treppenstufen und versuchte sich zu konzentrieren. Mit zittrigen Fingern tippte sie Peters Nummer.

Die Mailbox sprang an. »Horrido! Hier spricht Peter Heil. Leider nur der Anrufbeantworter ...« Kateryna Böhme versuchte es mit seiner Festnetznummer. Ebenfalls Fehlanzeige.

»Verflixt!« Jetzt zitterten nicht nur ihre Hände, sondern auch ihre nackten Knie. »Was mach' ich jetzt?« Sie hastete zurück ins Schlafzimmer. Zunächst zum Cognac, dann zum Fenster.

Als sie erneut einen Blick auf den Hof warf, bemerkte sie, wie aus dem Schornstein der Wurstküche Rauch aufstieg. Heller, gut sichtbarer Rauch. Jörg scheint etwas zu kochen oder zu brühen, mutmaßte sie. Bei dem Gedanken an das, was er da im Kochkessel zubereiten mochte, drehte sich ihr der Magen um.

Sie nahm einen weiteren Schluck aus der Flasche. Der Alkohol befeuerte ihre Fantasie: Nachher lande ich auch im

Topf, schoss es ihr durch den Kopf. Der Jörg, der ist total abgedreht – und zu allem fähig.

Herrgott! Ich muss mich zusammenreißen. Der Cognac setzt mir Flöhe ins Gehirn. Es wird alles okay sein. Ganz sicher. Peter ist auf dem Weg in die Stadt und Jörg macht seine Bratwürste, ganz einfach. Peter hat sein Telefon ausgeschaltet, weil er sich schämt und weil er ein schlechtes Gewissen hat. Jörg reagiert sich derweil im Schlachthaus ab. Auf seine Art. Wenn er damit fertig ist, kommt er rein, knallt mir eine, reißt mir die Kleider vom Leib und vögelt mich, bis er nicht mehr kann. Und dann ist alles wieder gut.

Kateryna Böhme warf einen Blick in den Spiegel an der Kleiderschranktür. Sie strich sich ein paar Locken ins Gesicht, klimperte mit den Augen und richtete ihren Busen. »Dem wird er nicht widerstehen können«, hauchte sie ihrem Spiegelbild zu. Dann legte sie sich zurück ins Bett.

Gegen 23.00 Uhr schreckte Kateryna Böhme aus ihrem Schlummerzustand hoch. Drunten im Haus hatte sie Geräusche vernommen. Sie setzte sich auf.

In der Küche war Geklapper zu hören. Jörg wird sich nach getaner Arbeit etwas zu essen machen, vermutete sie. Ein paar Stullen schmieren, ein Spiegelei braten. Auch gut. Hungrige Männer sind unausstehlich. Soll er sich erst mal den Magen vollschlagen und ein, zwei Bierchen trinken. Dann wurde er verträglicher, das kannte sie schon.

Plötzlich hörte sie die Treppenstufen knarren. Rasch legte sie sich wieder hin, zog die Bettdecke bis unter die Nase und schloss die Augen. Als die Tür geöffnet wurde, fiel der Lichtschein der Flurlampe direkt auf ihr Gesicht.

»Abendbrot ist fertig!«, hörte sie ihren Mann knurren. »Komm runter!« Er drehte sich auf dem Absatz und stieg wieder die Treppe hinab.

Was war das? Kein Wutanfall, kein Geschrei, keine Schläge? War das wirklich Jörg gewesen?

Aus dem sonderbaren Verhalten ihres Mannes schloss Kateryna Böhme dreierlei:

Erstens, dass er deutlich mehr als nur ein, zwei Bierchen getrunken haben musste.

Zweitens, dass es ratsamer war, seiner Aufforderung ohne Widerrede Folge zu leisten.

Und drittens, dass er etwas Teuflisches im Schilde führte.

Nur zögerlich stieg sie aus dem Bett und griff nach dem Bademantel. Beim Versuch, in die Hausschuhe zu schlüpfen, befiel sie ein Schwindel, der nicht allein auf den Alkoholgenuss zurückzuführen war.

Angst befiel sie. Jedoch nur einen kurzen Augenblick. Reiß dich zusammen, sagte sie zu sich selbst, knotete ihren Bademantelgürtel und trat in den Flur. Auf der Treppe musste sie sich auf das Geländer stützen, der Schwindel kehrte zurück. Würziger Bratgeruch schlug ihr entgegen.

Die Küche war hell beleuchtet. Der Tisch, der mitten im Raum stand, war für eine Person gedeckt: Teller, Messer, Gabel, Brotkorb, Senf. Jörg stand mit dem Rücken zu ihr am Herd und hantierte mit einer Bratpfanne.

»Setzt dich«, sagte er, ohne sich umzudrehen.

»Ich mag jetzt gar nichts ...«

»Du sollst dich setzen!« Sein Tonfall wurde schärfer. Er drehte sich immer noch nicht um.

Kateryna Böhme schob sich den Stuhl zurecht und setzte sich. Ihr gesamter Körper zitterte wie Espenlaub. Als ihr Mann sich umdrehte, hielt er die Pfanne in der Hand, in der zwei Bratwürste brutzelten.

Sie wagte nicht aufzusehen. Die beiden Würstchen landeten auf ihrem Teller, und Jörg trat zurück zum Herd.

»Nun iss!«, forderte er sie auf.

»Und du?«, fragte sie zaghaft. Das Ganze schien ihr höchst suspekt.

»Ich hab' schon«, knurrte er.

Kateryna Böhme hob den Kopf und schaute ihn an. Der Schreck fuhr ihr in die Glieder. Der Kerl, der da am Herd stand und sie mit düsterem Blick anstarrte, sollte ihr Mann sein? Das Haar hing ihm wirr in die Stirn, es klebte vor Schweiß. Die Augen lagen tief in den Höhlen und flackerten böse. Sein Kinn und die rechte Wange zierte eine lange, blutige Schramme.

»Soll ich …?«

»Essen sollst du!«, zischte er. »Sonst nichts.«

Sie starrte auf die beiden Würstchen vor sich. Dann fasste sie all ihren Mut zusammen. »Was soll das? Wenn du mir …«

Weiter kam sie nicht. Unvermittelt trat er einen Schritt vor und packte sie mit seiner Rechten im Nacken. Mit brutaler Kraft drückte er ihren Kopf auf den Teller. Dabei verbrühte sie ihre Nase an den heißen Würsten. Als sie aufschrie, ließ er von ihr ab.

»Du undankbares Flittchen!«, giftete er. »Die hab' ich extra für dich gemacht.« Er ließ die flache Hand auf die Tischplatte knallen. Direkt neben ihrem Teller. »Die halbe Nacht hab' ich im Schlachthaus verbracht. Nur um diese Wurst zu machen … für meine … für meine Prinzessin …«

»Schon gut, schon gut«, unterbrach sie ihn. In ihren Augen standen Tränen. »Wenn's dir so wichtig ist.«

Sie griff zu Messer und Gabel und schnitt zögernd ein Stück Wurst ab. Mit großem Widerwillen schob sie es zwischen die Zähne.

»So ist's recht«, grinste er unvermittelt. »Die Wurst schmeckt doch, oder?«

Sie kaute zaghaft, antwortete aber nicht.

»Meine Spezialbratwurst ist doch die Beste.« Jetzt griente er geheimnisvoll. »Auch wenn ich ab und an die Zutaten ändere.«

Sie schluckte.

»Diese Wurst ist eine Premiere«, fuhr er redselig fort. »So eine gab's noch nie.« Jetzt lachte er sogar glucksend.

Ihr blieb der Happen im Hals stecken. Mein Gott, sollte er etwa doch ...?

»Die Prinzessinnenwurst ...« Er schnalzte mit der Zunge. »Wenn du wüsstest ...«, kicherte er plötzlich wie ein Irrer. »Wenn du wüsstest, was da ...«

Aus Kateryna Böhmes Gesicht wich jegliche Farbe. Sie ließ Messer und Gabel fallen und schlug die Hände vor den Mund. Sie begann zu würgen. Als sie sich quer über den Tisch übergab, schlug er sich vor Schadenfreude auf die Schenkel.

Am nächsten Morgen erwachte sie mit einem fürchterlichen Kater. Es war bereits hell. Der Radiowecker auf dem Nachttisch zeigte 10.15 Uhr. Es war Sonntag, der 2. Advent.

Der Platz neben ihr war leer, Jörgs Bett unberührt. Sie setzte sich auf und lauschte. Im Haus war es still. Unheimlich still. Wenn sie sich richtig erinnerte, hatte sie sich letzte Nacht übergeben, nach dem vielen Cognac – und nachdem sie Jörg gezwungen hatte, von dieser ... von dieser Bratwurst zu essen ... Gezwungen? Warum denn nur ...?

Der Versuch, Ordnung in ihre wirren Gedanken zu bekommen, wurde von einem Geräusch unterbrochen. Im Erdgeschoss erklang der Klingelton des Festnetz-Telefons. Sie rührte sich nicht von der Stelle. Wenn er da unten irgendwo wäre, würde er schon rangehen. Vielleicht hatte er ja die Nacht auf der Couch im Wohnzimmer verbracht und lag da noch.

Nach wiederholtem Klingeln sprang der Anrufbeantworter an. Kateryna Böhme stieg aus dem Bett und trat ans Fenster. Die Tür zum Land-Rover-Schuppen war verschlossen, aber der Lieferwagen war nicht an seinem Platz. Also fährt er Bratwürste aus, folgerte sie, zu den Weihnachtsmärkten.

Das Telefon im Erdgeschoss meldete sich erneut. Nur im Nachthemd und barfuß hastete sie die Treppe hinab. Am anderen Ende der Leitung war Charlotte Heil, Peters Mutter.

»Haben Sie eine Ahnung, wo mein Sohn Peter steckt?«, fragte sie voller Sorge. »Er ist gestern Abend nicht zu einer Familienfeier gekommen. Ohne sich zu entschuldigen. Das ist so gar nicht seine Art. Auch dass sein Handy ausgeschaltet ist, passt nicht zu ihm. Er wollte gestern noch kurz zu Ihnen ins Revier, zum Nachmittagsansitz. Danach verliert sich jede Spur. Vielleicht weiß Ihr Mann ...?«

Kateryna Böhme war kurz davor, in Ohnmacht zu fallen. Mit einem Schlag fiel ihr alles wieder ein. Das Schäferstündchen mit Peter in der Jagdhütte, das überraschende Auftauchen von Jörg, der eskalierende Streit, ihre Flucht und schließlich das Schreckensszenario ... mit der Wurst um Mitternacht ...

»Hallo, hören Sie?« Charlotte Heil klang verzweifelt. »Oder soll ich lieber die Polizei anrufen?«

»Tun Sie das«, hörte sich Kateryna Böhme sagen. Dumpf, wie aus weiter Ferne. »Rufen Sie die Polizei. Am besten, Sie schicken die zur Jagdhütte ...« Dann legte sie auf.

Kurz nach Mittag hörte Kateryna Böhme, wie ein Auto auf den Hof fuhr. Sie hatte sich wieder ins Bett verkrochen, ohne sich auszuziehen. Die Flasche Cognac – mittlerweile halb leer – diente erneut als Trostspender.

Der Lieferwagen war es nicht, das Auto da draußen klang anders. Der Blick durch den Gardinenspalt bestätigte ihre Vermutung. Aus einem anthrazitfarbenen Kombi, einem typischen Behördenwagen, stiegen ein älterer Herr von kräftiger Statur im Trenchcoat und eine junge, zierliche Frau in schwarzer Lederjacke. Neugierig schauten sie sich um.

»Die Polizei«, murmelte Kateryna Böhme. »Wurde aber auch Zeit.« Nachdem sie Bademantel und Pantoffeln übergestreift hatte, eilte sie die Treppe hinunter.

»Mendelski und Schnur«, stellte der Mann sich und seine Kollegin vor, nachdem ihnen die Hausherrin geöffnet hatte. Sie hielten ihre Dienstausweise hoch. »Von der Kripo Celle. Können wir mal kurz reinkommen?«

Er sieht ja aus wie ein echter Kommissar, dachte Kateryna Böhme, während sie die beiden Gäste ins Wohnzimmer führte. Aber sie? Mit der Lila-Kurzhaarfrisur und den Piercings ging sie glatt als Punkerin durch.

»Ist Ihr Mann auch zu Hause?«, fragte Mendelski, nachdem sie sich gesetzt hatten.

»Nein, er fährt Würstchen aus. Zu verschiedenen Weihnachtsmärkten.« Unverblümt kam sie zur Sache: »Sie kommen sicher wegen Peter Heil.«

»Richtig«, erwiderte Mendelski. »Auf die Vermisstenanzeige von Frau Heil hin – und Ihrem Hinweis folgend – sind wir zur Jagdhütte Ihres Mannes gefahren. Dort erwartete uns eine ziemliche Überraschung: Die Tür war nicht abgeschlossen, drinnen sah es wüst aus. Umgestürzte Möbel, Scherben, ein verbogener Schürhaken – und Blut. Also heftige Kampfspuren, aber kein Verletzter weit und breit. Unser Team von der Spurensicherung ist bereits im Anmarsch ...«

»Die sollten sich vielleicht auch ... auch mal hier im Schlachthaus umschauen ...« Kateryna Böhme bekam vor Aufregung einen Schluckauf.

Der Kommissar zog die Augenbrauen hoch. »Ach ja? Warum das denn?«

In diesem Augenblick fuhr draußen auf dem Hof der Lieferwagen vor.

»Ja, wir haben uns geprügelt«, gab Jörg Böhme unumwunden zu. »Es war gegen Mittag. Ich hab' die beiden erwischt, in der Hütte. In flagranti, wenn Sie verstehen, was ich meine. Da hab' ich ihn verdroschen.« Obwohl er seine Frau keines Blickes würdigte, verstanden Mendelski und Schnur, was und wen er meinte.

»Man sieht's an Ihrem Gesicht«, sagte der Kommissar trocken. »Das mit der Prügelei, meine ich. – Sie hatten den Schürhaken …?«

»Nee, nee!«, fuhr der Schlachter dazwischen. »Es war nicht, wie Sie denken. Damit hab' ich ihm nur Angst eingejagt. Hab mit dem Eisen die Einrichtung zerlegt.«

»Und wie ging's dann weiter?«

»Der Feigling ist getürmt. In sein Auto – und weg war er.«

»Peter Heil wird seitdem vermisst.«

Jörg Böhme zuckte mit den Schultern. »Hat wahrscheinlich ein schlechtes Gewissen, der Sausack. Und verkriecht sich irgendwo.«

»Und Sie? Was haben Sie anschließend gemacht.«

»Hab mich im Jagdrevier rumgetrieben. Musste mich ablenken. Bin erst abends zurück nach Hause.«

»Zeugen?«

»Mein Hund Mücke.«

Mendelski und Schnur schauten sich stirnrunzelnd an. »Wir würden gern mal Ihr Schlachthaus anschauen?«, sagte die Kommissarin.

»Das Schlachthaus?« Scheinbar amüsiert blickte Jörg Böhme zu seiner Frau hinüber. Zum ersten Mal an diesem Tag schien er sie bewusst wahrzunehmen. »Hat Ihnen das etwa meine Prinzessin geraten?«

»Dürfen wir nun oder nicht? Wir können auch einen Durchsuchungsbeschluss besorgen.«

»Schon gut! Schon gut!« Jörg Böhme machte ein grantiges Gesicht. »Wenn's denn unbedingt sein muss.«

»Sieht ja nicht gerade appetitlich aus«, bemerkte Mendelski, während er mit gerümpfter Nase den unaufgeräumten und blutverschmierten Zerlegetisch inspizierte. »Entspricht das hier den Hygieneverordnungen?«

»Hatte heute Nacht 'nen Spezialauftrag«, erwiderte Jörg Böhme ungerührt. »Passend zu Weihnachten bestellt jeder 'nen Braten, Sie verstehen? Hatte keine Lust mehr aufzuräumen.«

»Braten? Okay. – Aber der Fleischwolf war auch in Betrieb.« Mendelski wies auf die durchgedrehten Fleischreste.

»Ja doch. Hab auch gleich noch ein paar Bratwürste gemacht.« Der Schlachter schaute seine Frau an, die wie ein Häuflein Elend in der Tür stehen geblieben war. »Meine Frau kann's bestätigen. Ich hab' ihr nämlich welche zum Abendbrot gebraten. – Die waren doch frisch und schmeckten prima, Prinzessin, oder etwa nicht?«

Kateryna Böhme zitterte am ganzen Leib, dann verlor sie ihre Beherrschung. Schreiend stürmte sie auf ihren Mann zu und traktierte ihn mit Fäusten.

»Du Widerling!«, keifte sie. »Du ... du hast Peter ...!«

»Was hab' ich?«, entgegnete er scharf. Voller Häme lachte er auf: »Na, sag schon ... spuck's aus!«

»Herr Böhme«, donnerte Mendelski dazwischen. »Was haben Sie da gestern Nacht zu Braten und Würsten verarbeitet?«

Mühelos stieß der Schlachter seine Frau zurück. »Kommen Sie mit ins Kühlhaus«, rief er triumphierend. »Dann zeig ich's Ihnen.«

Das Kühlhaus lag gleich nebenan und war durch eine schwere Eisentür zu erreichen. Jörg Böhme wuchtete die Tür auf, Mendelski und Schnur folgten.

»Hier, schauen Sie.« Der Schlachter hatte den Deckel einer Plastiktonne aufgeklappt und langte hinein. Es war die Tonne für den Abdecker. Am Pürzel hievte er eine Schwarte empor, die Schwarte von einem frisch erlegten Stück Schwarzwild.

»Diesen Überläufer habe ich gestern Abend geschossen. Nach dem Streit mit Peter. Ich habe ihn nach Hause gebracht und gleich verarbeitet.«

»Glauben Sie ihm kein Wort!«, kreischte Kateryna Böhme, die ihnen in den Kühlraum gefolgt war. »Er hat ... er hat mir ...« Sie musste würgen.

»Was soll ich getan haben?« Das wölfische Grienen verriet seine Schadenfreude.

»Er hat ... er hat den Peter ...« Ihre Worte erstickten in einem Weinkrampf.

Der Klingelton eines Handys unterbrach den Disput. Maike Schnur griff in ihre Lederjacke und verschwand nach nebenan.

»Was wird hier eigentlich gespielt?« Mendelski wirkte zunehmend ungehalten. Am zweiten Adventssonntag aus der Bereitschaft zu einer so windigen Sache gerufen zu werden, nervte ihn zusehends. »Herr Böhme, können Sie mir bitte erklären, warum Ihre Frau glaubt, Sie hätten etwas mit dem Verschwinden von Peter Heil zu tun?«

»Nö. Kann ich nicht«, erwiderte der Schlachter trotzig.

»Okay, dann werden wir jetzt Ihr Schlachthaus, Ihren Kühlraum und auch Ihr Auto versiegeln und alles von unserem Spusi-

Team auf den Kopf stellen lassen. Und wehe, wenn wir nur ein Haar von dem Vermissten entdecken ...«

In diesem Moment kam Maike Schnur hereingestürmt.

»Sie haben Peter Heil gefunden«, rief die Kommissarin. »In seinem Auto, schwerverletzt, aber außer Lebensgefahr. Es sieht nach einem Unfall aus ...«

Wenig später saßen sie in der Küche der Böhmes. Der Hausherr, Mendelski und Maike Schnur. Bei dampfendem Kaffee und Spekulatius. Kateryna Böhme hatte sich mit einer gemurmelten Entschuldigung in den ersten Stock zurückgezogen. Zum Cognac im Schlafzimmer.

»Sie scheinen vorerst entlastet«, erläuterte der Kommissar Jörg Böhme. »Wie es ausschaut, rühren die Verletzungen Peter Heils von dem Verkehrsunfall her. Und nicht von der Prügelei.«

»Sagte ich ja schon.« Erleichtert und nachdenklich zugleich stand der Schlachter auf. »Wie kam's eigentlich zu dem Unfall?«

»Das Auto ist die Böschung runter, hat sich überschlagen und ist in einem schwer einsehbaren Strauchwerk liegen geblieben. Peter Heil war nicht angeschnallt. Daher die schweren Kopfverletzungen. Schieres Glück, dass man ihn noch rechtzeitig gefunden hat.«

»War ja auch arschglatt gestern Mittag«, kommentierte Maike Schnur in ihrer schnoddrigen Art. »Wir hatten Blitzeis ...«

»Deswegen bin ich ja überhaupt nur zur Hütte rausgefahren.« Jörg Böhme seufzte auf. »Wegen dem Blitzeis ... da musste ich meine Würstchentour verschieben und dann ... Apropos Würstchen!« Der Schlachter öffnete den Kühlschrank. »Von gestern Nacht habe ich noch was von der Wildbratwurst übrig. Kann ich Ihnen damit eine Freude machen?«

Maike Schnur verzog ihr Gesicht zu einer Grimasse. »Nee! Lassen Sie mal ...« Die Kommissarin verschmähte jegliche Art von Fleisch.

»Und Sie?« Jörg Böhme hielt Mendelski eine Schale mit Würstchen unter die Nase.

»Danke, nein«, erwiderte der Kommissar, indem er sich erhob. »Bin im Dienst. – Wir müssen jetzt los.«

Im Hinausgehen murmelte er: »Soweit kommt's noch, dass ich mich bestechen lasse ... mit Würstchen!«

# Tatort Kalabusch

Nur mit Mühe drang der Schein der Straßenlaternen bis hinab auf den Asphalt. Dichter, eklig nasskalter Novembernebel hatte sich zwischen den Häuserzeilen und Alleen der Südstadt breit gemacht. Den ganzen Tag über hatte es wie aus Kübeln gegossen.

Die Sallstraße lag verlassen. Fahrbahn, Bürgersteig und parkende Autos waren tropfnass, die Linden, Kastanien und Gleditschien kahl, deren Blätter längst zu Brei gefahren.

Es war Sonntagabend. Ideales *Tatort*-Wetter.

Die Kirchturmuhr der Nazareth-Kirche schlug achtmal. Er musste sich sputen, wenn er noch einen guten Platz im Kalabusch ergattern wollte. Die letzten beiden Male war er auch schon zu spät gekommen und hatte mit einem Platz auf der Treppe vorlieb nehmen müssen.

Hannes begann zu laufen. Nicht nur, weil er spät dran war, sondern auch, weil er fror. Er trug lediglich eine Jeansjacke. Als ewiger Student konnte er sich eine warme Winterjacke nicht leisten; sie stand jedoch ganz oben auf seiner Wunschliste. Mit dem Beginn des Wetterberichts der *Tagesschau* betrat er die Gaststube. Die Vorhersage für die nächsten Tage verhieß nichts Gutes.

Das Kalabusch war gut gefüllt. Wie immer, wenn *Tatort* im Fernsehen lief. Das gemeinsame sonntägliche Krimigucken und das Gewinnspiel, bei dem es galt, den Mörder zu raten, zogen viele Amateurermittler an.

Hannes hatte Glück. Er fand einen freien Stuhl mit guter Sicht auf die große Leinwand vor dem Fenster. Direkt neben dem Klavier mit dem *Hannover-96*-Banner darüber. Die anderen waren schon da: Hermann, Jörg, Dagmar, Olaf und wie sie alle hießen. Er kannte sie aus dem Internet. Die Gewinner des Ratespiels wurden auf der Homepage des Kalabuschs veröffentlicht. Nur die Vornamen, versteht sich. Aus Datenschutzgründen.

»Wie immer?«, übertönte die Bedienung die Erkennungsmelodie des Krimiklassikers.

Hannes nickte: »Hefeweizen, ja.«

An jenem Abend lief der *Tatort* aus Münster. Mit Axel Prahl und Jan Josef Liefers. Es war Hannes' Lieblings-Tatort. Nicht nur ihm gefielen die verbalen Scharmützel zwischen dem Forensik-Professor Karl-Friedrich Boerne und seiner kleinwüchsigen Assistentin Silke Haller alias Alberich. Wenn sich die beiden anpflaumten, wurde im Kalabusch geklatscht, gegrölt und getrommelt, dass sich die Tische bogen.

Beim Auffinden der Ermordeten – es handelte sich um eine übel zugerichtete Prostituiertenleiche in einem Sexmobil am Waldesrand – nahm Hannes einen kräftigen Schluck aus seinem Bierglas.

Das Knattern des Geländemotorrads, das in rasanter Fahrt am Kalabusch in die Stolzestraße einbog, hörten weder er noch die anderen Kneipenbesucher.

Sie warteten im Schatten einer herbstkahlen Kastanie. Bei laufendem Motor und mit heruntergeklappten Visieren. Das Nummernschild des Motorrads war derart verschmutzt, dass es nicht zu entziffern war. Auch der Dreck an den Stollenreifen, den Schutzblechen und dem Motorblock deutete darauf hin, dass die Maschine erst kürzlich im Gelände unterwegs gewesen war. Die Person am Lenker hatte mindestens eine Größe von 1,90 Metern und breite Schultern, der Sozius dagegen war deutlich kleiner und von schlanker, graziler Statur.

Die *Aral*-Tankstelle Ecke Marienstraße/Am Südbahnhof besuchte nur ein einziger Kunde, ein Mercedes-SL-Fahrer, der trotz der lausigen Kälte lediglich mit einem T-Shirt bekleidet war. Der Mann ließ sich Zeit beim Tanken, überprüfte noch den Luftdruck seiner Reifen, kontrollierte den Ölstand und das Wasser für die Scheibenwischanlage. Nachdem er endlich fertig und der Wagen Richtung Pferdeturmkreuzung davongebraust war, setzte sich das Motorrad langsam in Bewegung.

Die Enduro-Motocross-Maschine stoppte direkt vor der Tankstellentür. Ohne den Motor auszuschalten und ohne den Seitenständer herunterzuklappen, ließ der Fahrer seinen Sozius absteigen. Nachdem dieser den Lenker und somit die Kontrolle für das Zweirad übernommen hatte, stieg auch der Fahrer ab.

Er schaute noch einmal in die Runde. Sie waren die einzigen Kunden, der Verkehr auf der Marienstraße war spärlich. Sie nickten sich zu.

Den Sicherheitshinweis an der Tür – ‚*Bitte nehmen Sie den Helm ab, wenn Sie den Shop betreten*‹ – ignorierend marschierte der Fahrer zügig in den Verkaufsraum. Er behielt nicht nur den Helm auf dem Kopf, sondern ließ auch das Visier heruntergeklappt. Im Gehen zückte er eine Pistole und trat an die Kasse.

»Geld her!«, rief eine männliche Stimme, die durch den Helm dumpf klang. »Aber dalli, sonst ...« Er fuchtelte mit der Pistole und warf der Kassiererin einen Rucksack zu. »Da rein!«, befahl er. »Schnell, schnell!«

»Okay, okay«, erwiderte die Tankstellenangestellte, eine Mittvierzigerin mit gepiercter Unterlippe. Instinktiv hatte sie beide Arme gehoben, die sie langsam wieder senkte. »Immer mit der Ruhe.«

Es war ihr dritter Überfall in zwei Jahren, sie wusste, was zu tun war. Während sie begann, die Geldscheine aus der Kasse in den Rucksack zu stopfen, betätigte sie nebenbei heimlich den Notrufknopf.

»Nun beeilen Sie sich schon«, rief der Gangster. »Hopp, hopp!« Nervös tippelte er von einem Bein aufs andere. Die Kassiererin ließ sich jedoch nicht aus der Ruhe bringen. Stoisch fuhr sie fort, die Einnahmen der letzten Stunden im Rucksack unterzubringen.

Im Kalabusch herrschte eine gewisse Spannung. Das lag nicht allein am Münsteraner *Tatort*, der mal wieder außergewöhnlich kurzweilig und witzig war. Es galt, den Mörder der Prostituierten zu tippen. Das musste bis 21.00 Uhr erledigt sein. Nur so konnte man am Gewinnspiel teilnehmen und seine Chance auf einen zehnprozentigen Rabatt auf den abendlichen Verzehr wahren. Außerdem konnte man Punkte für die Saison-Rangliste ergattern, die regelmäßig im Internet veröffentlicht wurde und einen zusätzlichen Preis versprach.

Hannes hatte schon öfter richtig getippt und war in der letzten Saison auf Platz drei der Gesamtwertung gelandet. In diesem Jahr lag er bereits auf Platz zwei. Wenn er so weiter machte, war er ein heißer Anwärter auf das Siegerpodest und das als Preis ausgelobte Krimi-Buch-Paket.

Die Zettel für das Mörderraten-Gewinnspiel hatte die Bedienung längst verteilt. Doch auf Hannes' Zettel standen bisher lediglich sein Name und die Mail-Adresse. Es war erst kurz vor Neun, zwei Minuten Zeit hatte er noch. Seine Taktik lag darin, stets bis wenige Sekunden vor Ablauf der Frist zu warten, um dann den vermuteten Täter zu notieren. Oft hatte sich genau in diesen wenigen Sekunden ein neuer Wissensstand ergeben, der ihm das Raten leichter machte.

Auf der Leinwand schlich gerade der Zuhälter der ermordeten Prostituierten durch einen mondbeschienenen Eichenwald. Ihn beobachtete ein Mann mit Fernglas, der am Fuße einer Hochsitzleiter stand. Der heimliche Beobachter trug einen Forsthut, eine langen Lodenmantel und eine Büchse über der Schulter. Zu seinen Füßen kauerte ein kurzläufiger Schweißhund.

Hannes entschied sich für den Jagdaufseher.

Ein Streifenwagen mit tönendem Martinshorn und Blaulicht näherte sich der Tankstelle aus Richtung Pferdeturm.

»Die Bullen!«, kam es unter dem Helm hervor. Eine tiefe, jedoch unverkennbar weibliche Stimme versuchte, das im Leerlauf tuckernde Motorrad zu übertönen. Im Innern der Tankstelle tat sich nichts. Hektisch betätigte die Sozia die Hupe am Lenker.

Ihr Kumpan fuhr herum, er hatte verstanden. Mit einem raschen Griff über den Tresen riss er der Kassiererin den Rucksack aus der Hand und spurtete los. Draußen übernahm sie den Rucksack und überließ ihm im Gegenzug den Lenker. In Windeseile – jeder Handgriff wirkte wie einstudiert – bestiegen sie nacheinander die Maschine und rasten los. Zurück in Richtung Stolzestraße

Ohne auf den Gegenverkehr zu achten, nahm in diesem Moment der Streifenwagen mit quietschenden Reifen die Tankstelleneinfahrt. Das davonbrausende Motorrad zunächst ignorierend, stoppten die Polizisten unmittelbar vor der Schiebetür, die sich gerade öffnete. Die Kassiererin trat heraus und fuchtelte wild mit den Armen.

Erst als feststand, dass die Kassiererin wohlauf war und keiner Ersten Hilfe bedurfte, nahm der Streifenwagen die Verfolgung auf. Dadurch gewannen die Flüchtenden wertvolle Sekunden. Ihr Vorsprung war mehr als komfortabel.

Nichtsdestotrotz rasten sie mit höllischer Geschwindigkeit durch die enge Häuserschlucht der Stolzestaße in Richtung Süden. Die Frau auf dem Rücksitz schaute sich mehrmals um, konnte jedoch keinen Streifenwagen entdecken. Beruhigend klopfte sie ihrem Vordermann auf die Schulter.

Kurz bevor sie am Kalabusch in die Sallstraße einbogen, passierte es. Eine Katze huschte von links nach rechts über die Fahrbahn. Waren es nun der Schreck, die nasse Fahrbahn oder glitschiges Laub – vielleicht auch alles zusammen – jedenfalls kamen sie durch das plötzliche Bremsmanöver heftig ins Rutschen. Der Fahrer verlor die Kontrolle über sein Motorrad.

Trotz deutlich reduzierter Geschwindigkeit kippte die Maschine zur Seite und schlidderte unter ein parkendes Auto. Zum Glück für das Räuberpaar verlief der Sturz glimpflich. Sie waren sofort wieder auf den Beinen und kümmerten sich um das Fahrzeug. Der Motor lief zwar noch, doch die Maschine hatte sich unter der Auspuffanlage des parkenden Autos verkeilt. Trotz größter Anstrengung bekamen sie das Motorrad nicht hervorgezogen.

»Verdammte Scheißkarre!«, fluchte der Mann und trat nach dem Hinterrad.

»Lass es!« Die Frau keuchte. »Wir müssen zu Fuß weiter.«

Aus der Ferne war ein Martinshorn zu hören, dessen Lautstärke rasch zunahm. Sie ließen vom Motorrad ab und hetzten über die Straße. Geduckt, hinter den parkenden Autos Schutz suchend, liefen sie weiter. In dem Moment, als sie den Nebeneingang vom Kalabusch passierten – den durch den Garten –, bog der Streifenwagen um die Ecke.

Im *Tatort* hatte es soeben eine zweite Leiche gegeben. Der Zuhälter war von einer Motorsäge zerstückelt worden. Einige Zuschauer stöhnten auf. Hannes vermutete, dass es jene waren, die auf den Getöteten als Mörder getippt hatten. Die waren jetzt außen vor. Er lehnte sich zufrieden zurück und bestellte ein weiteres Weizen. Er war immer noch im Rennen.

Der Krach auf der Straße direkt vor dem Kalabusch kümmerte niemanden. Als Innenstadtbewohner war man den Lärm von Martinshorn und Feuerwehrsirenen gewohnt.

Dem Pärchen, das gerade die Wirtsstube durch den Seiteneingang betrat, schenkte ebenfalls kaum jemand Beachtung. Hannes war einer der wenigen, die sie bemerkten. Sie waren jung, vielleicht zwanzig, zweiundzwanzig, trugen schwarze Motorradkleidung und ihre Integralhelme unterm Arm. Die Frau hielt zudem einen Rucksack mit der rechten Hand fest umklammert.

An einem so lausig kalten Novemberabend sind Biker schon ungewöhnlich, befand Hannes. Er hatte ein Faible für Motorräder.

Der Mann setzte sich neben ihn auf einen freien Stuhl, während die Frau Richtung Toilette verschwand. Den Helm schob sein neuer Nachbar unter den Stuhl; danach zog er seine Lederjacke aus. Immer wieder wandte er den Kopf zur Tür. So, als ob er noch jemanden erwartete.

Während er weiter dem *Tatort* zuschaute, registrierte Hannes aus den Augenwinkeln, dass an der Stirn des Motorradfahrers schweißnasse Haarsträhnen klebten. Auffallend war auch, dass die Lederhose des Mannes am rechten Oberschenkel und an der Wade frische Dreckspuren aufwies.

Auf der Leinwand machte Professor Karl-Friedrich Boerne seiner kleinwüchsigen, aber nicht auf den Mund gefallenen Assistentin Alberich gerade wieder einmal grundlos Vorhaltungen – das Publikum im Kalabusch lauschte andächtig –, als zwei Polizisten in Uniform die Gaststätte betraten. Der eine hielt eine Stabtaschenlampe in der Hand, der andere ein knatterndes Funkgerät.

»Ihr seid im falschen Film«, rief ihnen jemand zu. Gelächter war die Folge, einer buhte. »Pssst!«, raunte ein anderer.

Der Wirt trat zu den beiden Ordnungshütern und erkundigte sich nach dem Grund ihres Auftauchens.

Derweil war Hannes aufgefallen, dass sich alle Welt nach den Polizisten umgedreht hatte – bis auf eine Ausnahme: sein neuer Nachbar. Der starrte wie hypnotisiert auf die TV-Leinwand vor sich und rührte sich nicht.

»Hey, Sie da!«, rief da einer der Polizisten.

Im gleichen Moment bekam Hannes einen Schlag gegen die Schulter und flog vom Stuhl. Der Motorradfahrer war unvermittelt aufgesprungen, hatte ihn und einen weiteren Gast gerammt und war auch schon zur Tür hinaus.

Die beiden Polizisten stürmten hinterher, die Gäste im Kalabusch johlten.

»Na, alles okay?«, fragte der Wirt, nachdem Hannes sich wieder aufgerappelt und auf seinem Stuhl niedergelassen hatte.

»Ja, ja!« Hannes winkte ab. »Ist nichts weiter. – Um was ging's denn?«

»Tankstellenüberfall«, flüsterte der Wirt. »In der Marienstraße ...«

»Pssst!«, zischte jemand. Der *Tatort* näherte sich dem Finale.

Da entdeckte Hannes die Frau. Die Motorradjacke hatte sie abgelegt, auch den Rucksack trug sie nicht mehr bei sich. Ihre zuvor mit einem Schlauchtuch gebändigten rotblonden Haare trug sie nun offen. Sie hatte herrliche Locken. Mit besorgter Miene schaute sie sich in der Gaststätte um.

Hannes Herzschlag beschleunigte sich. Nicht wegen der ausnehmend hübschen und feinen Gesichtszüge der jungen Frau. Ihn interessierte vielmehr, wo der Rucksack geblieben war. Und was darin wohl stecken mochte.

Hauptkommissar Frank Thiel begann gerade mit seinem Schlussplädoyer, als sich Hannes erhob, dabei den Unmut seiner

Hinterleute hervorrief und – wie von einer fremden Macht getrieben – die Treppe hinauf in Richtung Toiletten verschwand.

Wegen des *Tatort*-Finales waren die Klos verwaist. Ohne lange zu fackeln, betrat Hannes die Damentoilette und begann mit der Suche.

Das Versteck für Motorradjacke und Rucksack hatte er schnell ausgemacht. Unter dem Waschtisch befand sich ein Hohlraum, der schwer einzusehen war. Hier lag das Gesuchte. Sekunden später wühlten seine Hände in Geldscheinen. Ein irrsinniges Glücksgefühl machte sich in ihm breit.

Plötzlich stand die Frau mit der roten Lockenmähne hinter ihm. Er hatte die Tür gar nicht gehört.

»Gib her!«, sagte sie mit fester Stimme. Ihre Augen funkelten böse. »Das gehört mir.«

Hannes lachte auf. Sie war gut einen Kopf kleiner als er und recht zierlich. »Jetzt nicht mehr«, zischte er. »Sei froh, wenn ich dich nicht verpfeife.«

Kurzerhand schob sie ihr Sweatshirt hoch und zog eine Pistole aus dem Hosenbund. Die Mündung hielt sie Hannes vor die Brust.

»Du mieser Scheißer!«, fauchte sie. »Gib her! Sofort.«

»Okay ... okay«, stammelte er. »Machen ... machen wir doch halbe-halbe.«

»Her damit!« Sie machte einen Schritt nach vorn und entriss ihm den Rucksack. Automatisch nahm er die Hände hoch.

»Is' ja schon gut ...«, jammerte er.

»Die Hose runter!« Sie fuchtelte bedrohlich mit der Pistole.

»Die Hose?«

»Ja, die Hose. Und das T-Shirt weg. Los schnell!«

Hannes öffnete Gürtelschnalle und Hosenbund seiner Jeans. »Wozu das Ganze?«

»Runter damit!« Sichtlich nervös drehte sie sich zur Tür um. »Nun mach schon.«

Widerwillig schob Hannes seine Hose bis auf die Knöchel. »Ach so, verstehe«, ließ er verlauten. »Du hast Schiss, dass ich dir folge.« Umständlich streifte er das T-Shirt über den Kopf.

»Schnauze! Die Unterhose auch!«

»Was ...? Nein ...!«

»Doch!« Sie senkte die Pistole in Richtung seiner Genitalien.

Voller Panik riss Hannes seine Boxershorts in die Kniekehle. Er schämte sich mächtig und wurde sogar ein wenig rot. Im Gesicht, versteht sich.

»Das war noch nicht alles.« Mit dem Lauf der Pistole deutete sie auf das Toilettenpapier neben ihm an der Wand. »Und jetzt stopf dir Papier in den Mund. Los, schnell!«

»Och, nee ...!«

Die Mündung der Pistole deutete auf seine schweißnasse Stirn. »Keine Widerrede!«

Sein Widerstand war gebrochen. Gehorsam riss er ein paar Papierblätter von der Rolle und stopfte sie eins nach dem anderen in seinen Mund.

»Mehr!«, forderte sie. »Viel mehr. Und dreh dich um!«

Hannes gehorchte erneut.

Nachdem er sich der Fliesenwand zugewandt und noch weitere Blatt Papier zwischen die Lippen geschoben hatte, spürte er plötzlich einen Luftzug im Nacken.

Aus der Gaststube schwappte Lärm in die Damentoilette, Lärm und Musik, die das Ende des *Tatorts* verkündeten.

Vorsichtig wandte er den Kopf. Die Frau war verschwunden.

Dafür stand der Kneipenwirt in der Tür. Dessen Gesichtsausdruck sprach Bände.

»Mensch, Hannes!«, rief der Wirt. »Was ist denn hier los?«

Hannes zog hastig seine Boxershorts hoch und fummelte sich das Toilettenpapier aus dem Mund. Dabei fing er an zu husten.

»Ich ... ich wollte ...«, prustete er, während er die Reste vom Papier ausspuckte. »Da ... da war ...«

Es lag nicht allein an den klebrigen Zelluloseresten in seinem Mund, dass er keinen vernünftigen Satz herausbekam. Er wusste einfach nicht, was er sagen sollte.

»Komm endlich aus dem Damenklo«, schimpfte der Wirt. Im Laufe der Jahre hatte er schon so manche Kuriosität erlebt, aber so etwas wie den blankgezogenen Hannes in der Damentoilette war ihm noch nie untergekommen. »Mensch, wenn dich hier einer sieht.«

»Ich erklär's dir später«, nuschelte Hannes in seinen Schnauzbart, während er seine Jeans zuknöpfte. »Du wirst es ja sowieso nicht glauben ...«

Der Wirt packte ihn kurzerhand am Arm. »Los komm jetzt! Du hast richtig getippt. Als Einziger.«

»Getippt ...?«

»Ja, beim *Tatort*, du Depp.« Der Wirt schob Hannes in die Gaststube. »Der Mörder war der Jagdaufseher.«

»Na, wenigstens was.«

In der Gaststube empfing ihn Applaus; hochgehaltene Biergläser reckten sich ihm entgegen. Hannes blinzelte irritiert in die Runde der Gratulanten.

Eine junge hübsche Frau mit rotblonden Locken und einem Rucksack war nicht unter ihnen.

# Unerwünschter Besuch

Es hatte ausgiebig geschneit in der Nacht vom 30. auf den 31. Dezember. Pünktlich zum bevorstehenden Jahreswechsel. Eine fünf Zentimeter dicke Schneeschicht verwandelte das Dorf, die umliegende Feldmark und die daran angrenzenden Wälder in eine Bilderbuch-Festtagskulisse.

Und der Schnee blieb liegen. Denn seit Tagen hatte Väterchen Frost die Lüneburger Heide fest im Griff und ließ den Erdboden beinhart gefrieren. Bei eisigem Ostwind war das Thermometer in einigen sternenklaren Nächten bis auf minus zwanzig Grad gesunken.

»Juhu! – Neujahr im Schnee!«, frohlockte Berthold Klein, als er mit seinem Pick-up über den Feldweg brauste. »Was gibt es Schöneres!«

Eine feine Schneewolke aufwirbelnd war der Gastwirt der Erste, der an diesem Morgen seine Spur durch das jungfräuliche Weiß zog. Er fühlte sich an die unbeschwerten Kindheitstage im Winter erinnert. An die Zeit auf dem Rodelberg hinterm Friedhof, an das Schlittschuhlaufen auf dem zugefrorenen Kiessee, an die wüsten Schneeballschlachten auf dem Schulhof.

Berthold Klein bog in einen Waldweg ein. Hier, im Windschatten der Bäume, lag etwas mehr Schnee als in der Feldmark, die dem Wind ausgesetzt war. Und hier war er nicht der Erste, der seine Spur zog. Um zu erkennen, welche Kreatur heute Morgen ihre Tapsen auf dem Waldweg hinterlassen hatte, bremste er sein Fahrzeug ab und fuhr im Schritttempo weiter. Gleichzeitig ließ er die Seitenscheibe hinab.

»Ein Mümmelmann«, murmelte er im Selbstgespräch, während er den Kopf aus dem Fenster steckte und die charakteristische

Hasenspur mit den Blicken verfolgte. Schon nach wenigen Metern waren die Trittsiegel im angrenzenden Kiefernwald untergetaucht. Dafür tauchten neue auf. Die Fährten zweier Rehe, die die Fahrbahn gekreuzt hatten.

Hier war ja schon reichlich Betrieb, befand Berthold Klein schmunzelnd, während er das Fenster schloss und wieder etwas mehr aufs Gas trat. Ihm fiel ein, dass bis zum Neujahrs-Brunch noch einiges zu erledigen war. Herumzubummeln konnte er sich eigentlich gar nicht leisten.

Seine Heidschnucken aufzusuchen hatte an diesem Morgen ganz oben auf seiner To-Do-Liste gestanden. Die sechzig Tiere, die mitten im Wald auf einer dreieinhalb Hektar großen, idyllisch an einem Bach gelegenen Wiesenkoppel lebten, galt es zu kontrollieren und mit dem Nötigsten zu versorgen: Wasser und Futter.

Genügend Heu, Hafer und Zuckerrübenschnitzel waren vor Ort in einem Schuppen untergebracht, dem Trockenfutter konnte die Kälte nichts anhaben. Die Sonderrationen hingegen – frostempfindliches Frischobst und Gemüse – brachte er direkt von zu Hause hinaus in den Wald. Zum Jahreswechsel gab es Festtags-Leckerlis für seine Lieblinge: Äpfel, Birnen und Karotten. Sämtlich aus eigener Ernte.

Auf der Brücke über den Bach stoppte der Pick-up kurz. Berthold Klein wollte nachschauen, ob die Wulbeck inzwischen zugefroren war. Er hatte Glück. Von den Randbereichen her wuchs zwar das Eis, doch gab es in der Mitte ein Rinnsal, das wegen seiner relativ hohen Fließgeschwindigkeit noch eisfrei war. Das lästige Eishacken, um an Trinkwasser für die Schnucken zu kommen, konnte er sich sparen – jedenfalls für heute.

Doch was war das?

Berthold Klein war gerade wieder angefahren, als er erneut auf die Bremse trat.

Unmittelbar hinter der Brücke, mitten auf Weg, war eine Spur im Schnee zu sehen. Direkt vor seiner Kühlerhaube. Keine mickerige Hasenspur, auch keine zierliche Rehfährte – nein, sondern etwas viel Größeres. Von einem einzelnen Lebewesen.

Die Trittsiegel kamen von der Uferböschung der Wulbeck hinauf und bogen auf den Waldweg ein. ›Etwa ein Stück Rotwild, ein Wildschein oder gar – ein Mensch?‹ fragte sich Berthold Klein neugierig, während er wieder anfuhr. Um die Spur aus dem Wagen heraus studieren zu können, steuerte er den Pick-up auf den rechten Seitenstreifen des Waldweges.

Erneut ließ er das Seitenfenster hinab und steckte den Kopf heraus. Auch wenn er kein Jäger war, so kannte sich der Heidschnuckenzüchter und Hobbylandwirt mit Tierspuren einigermaßen aus. Sein verstorbener Schwiegervater, ein passionierter Waidmann und Naturliebhaber, hatte ihm in jungen Jahren so einiges beigebracht.

Nein, da war sich Berthold Klein sicher. Das, was da heute Morgen seine Abdrücke im Schnee hinterlassen hatte, war weder Hirsch noch Keiler noch Zweibeiner gewesen.

Das sah eher wie eine riesige Hundespur aus.

Herzförmiger großer Handtellerballen und vier Zehen mit jeweils einer Kralle. Alles zusammen knapp zehn Zentimeter im Durchmesser.

Berthold Klein hob den Kopf und schaute den Weg entlang. Die Spur verlief gerade und hintereinander, Trittsiegel für Trittsiegel, wie an einer Perlenkette aufgezogen. Der Abstand zwischen den einzelnen Abdrücken betrug ungefähr einen Meter.

Weit und breit war keine weitere Spur zu entdecken. Keine menschlichen Fußabdrücke, die auf den Begleiter eines Hundes hätten deuten können. Auf einen Begleiter und Aufpasser, der verhinderte, dass der vierbeinige Kläffer auf dumme Gedanken kam.

Dumme Gedanken?

Alarmstimmung machte sich bei Berthold Klein breit. Ein Hund ohne Herrchen, hier im Wald bei seinen Schnucken, das hatte er schon einmal erlebt. Mit fatalen Folgen. Vor Jahren war ein entlaufener Schäferhund in die Schnuckenweide eingebrochen und hatte ein Lamm gerissen.

Berthold Klein trat aufs Gas, dass der Schnee zur Seite stob.

Schon von weitem sah er, dass mit seinen Heidschnucken etwas nicht stimmte. Normalerweise standen sie verstreut. Die meisten auf der Freifläche, einige im Unterstand, andere an der Heuraufe, an der Tränke oder unter einem der zahlreichen Bäume. Sobald sie seinen Wagen hörten – Heidschnucken haben ein sehr gutes Gehör und sind schlau –, kamen sie zum Tor gelaufen. Wussten sie doch, dass es gleich etwas Leckeres zu fressen gab.

Als Berthold Klein mit seinem Pick-up die Einfahrt zur Schnuckenwiese nahm, stand die gesamte Herde in einem dichten Pulk mitten auf der Weide, die Alttiere außen, die Jungtiere in der Mitte. Aufmerksam, nein, eher unruhig, ängstlich und gestresst, äugten sie in alle vier Himmelsrichtungen.

Auch nachdem er ausgestiegen war und ein paar vertraute Lockrufe an die Schnucken gerichtet hatte, machten die Tiere keine Anstalten, sich zu nähern. Verstört trippelten sie auf der Stelle, drängte sich Tierkörper an Tierkörper.

Es lag gewiß nicht an dem Neuschnee, dass sich seine Schnucken so sonderbar benahmen, mutmaßte Berthold Klein. Das Winterwetter machte den Tieren normalerweise nichts aus.

Böses ahnend inspizierte er zunächst Unterstand, Schuppen und Raufen. Er schaute in jede Ecke. Doch fand er keinerlei Hinweise auf einen ungebetenen Eindringling, keine Kampfspuren, kein Blut im Schnee. Alles schien in Ordnung.

Berthold Klein öffnete die Pforte und betrat die Weide. Während er behutsam auf die Schnucken zuging, schweifte sein Blick über die Weide. Auch hier gab es nichts Verdächtiges.

Die Tiere wichen nicht zurück. Sie ließen die ihnen vertraute Person an sich heran, wedelten mit den Stummelschwänzen. Ein junger Bock löste sich aus dem Rudel und begrüßte den Besucher mit einem sanften Hörnerstupser. Einige Heidschnucken blökten. Sie schienen in gewisser Weise erleichtert, ihren Hüter und Ernährer in der Nähe zu wissen.

War die Herde vollzählig? Für Berthold Klein war es unmöglich, das zu überprüfen und die sechzig Stücke zu zählen. Dafür war viel zu viel Bewegung in der Herde. So konnte er im Augenblick nicht mit Sicherheit sagen, ob eines der Tiere fehlte. Zumindest stellte er erfreut fest, dass keines verletzt war.

Nach der Begrüßungsrunde bei den Schnucken inspizierte Berthold Klein den Zaun. Um die gesamte Einfriedung des Areals mit all seinen Winkeln und Ecken zu kontrollieren, benötigte er eine halbe Stunde. Das Rudel löste sich derweil langsam auf. Einige Tiere folgten ihm, andere liefen zur Futterraufe, in der Annahme, dass dort frische Rübenschnitzel ausgelegt waren.

Die Zaunkontrolle brachte keine neue Erkenntnis. Das stabile Knotengeflecht aus verzinktem Draht war heil und nirgendwo heruntergedrückt. Auch ein Schlupfloch konnte er nicht finden. Alles schien in Ordnung. Den Spuren im Schnee nach zu urteilen, waren heute Morgen – außer ein paar Ringeltauben – lediglich Schnucken über die Weide spaziert.

Trotzdem.

Irgendetwas musste die Heidschnucken heute Morgen mächtig erschreckt haben. Dass ihre Verstörtheit mit den mysteriösen Hundespuren zu tun hatte, lag auf der Hand. Berthold Klein gab sich nicht zufrieden. Nach dem Füttern wollte er sich die Trittsiegel noch einmal genauer anschauen.

Es dauerte einen Moment, bis er die Spur wiedergefunden hatte. Vorhin war Berthold Klein in seiner Aufregung von der Wulbeck-Brücke losgerast, ohne auf die Trittsiegel Rücksicht zu nehmen. Da diese eine lange Strecke ziemlich genau in einer der beiden Fahrspuren verliefen, hatte er sie mit seinen Reifen platt gemacht.

Erst dort, wo sie den Waldweg verließen und hinab zur Weide führten, fand er sie wieder.

Also doch Richtung Schnuckenwiese, sagte sich der Spurenleser. Im Neuschnee konnte man wie in einem Buch lesen. Eiligen Schrittes folgte er den Trittsiegeln bis zum Zaun. Hier war das Tier stehen geblieben, dann am Zaun entlang geschnürt. Berthold Klein konnte sich ausmalen, was seinen Schnucken beim Anblick des ungebetenen Gastes ausgestanden haben mussten ...

Ein Hupen ließ ihn aufhorchen. Es kam von der Stelle, wo er seinen Pick-up zurückgelassen hatte. Da der Wagen mitten auf dem Waldweg stand, nahm er an, dass er jemanden bei der Durchfahrt behinderte. Rasch lief er zurück.

Es war der Jagdpächter Jürgen Loose. Sein Geländewagen hielt direkt hinter dem Pick-up und konnte nicht durch.

»Guten Morgen«, begrüßte ihn Berthold Klein. »Tut mir leid, dass ich hier so selten dämlich parke, aber ich hatte meine Gründe.«

»Halb so schlimm.« Der Mittvierziger von rundlicher Statur war aus seinem SUV geklettert. »Ich hoffe, bei Ihren Schnucken ist alles in Ordnung.«

»Bislang ja. Doch ich fürchte, dass sie heute Morgen unliebsamen Besuch hatten.« Berthold Klein wies auf die Spuren im Schnee. »Die stammen offenbar von einem streunenden Hund.«

»Donnerwetter, sind das Trittsiegel«, entfuhr es Jürgen Loose, während er sich bückte. »Muss aber ein sehr großer Hund gewesen sein.« Er erhob sich wieder und folgte der Spur mit den Augen. »Wie an einer Schnur gezogen. Ziemlich hundeuntypisch, die laufen eher zickzack. Wenn das mal nicht ...« Die Stimme des Jagdpächters stockte.

»Sie meinen, es war gar kein Hund?«, erwiderte Berthold Klein. Er konnte sich schon denken, was jetzt kam. »Glauben Sie wirklich, es war ein Wolf? Isegrim, der Graue, der Schrecken der Schäfer ...«

»Genau das befürchte ich.« Jürgen Loose zog sein Smartphone aus der Tasche, um ein paar Fotos zu schießen. »Eigentlich habe ich schon länger mit ihrem Auftauchen hier im Revier gerechnet. Werde gleich nachher zu Hause den Wolfsberater kontaktieren. Hab seine Nummer jetzt nicht dabei.«

»Und was ist mit meinen Schnucken?« Berthold Klein spürte einen mächtigen Kloß im Hals. »Der kommt wieder. Jetzt, wo er weiß, wo es leichte Beute gibt. Der Schafsdraht ist nur 1,20 Meter hoch. Für einen Wolf ist es ein Klacks, darüber zu springen.«

»Können Sie die Tiere nicht wegsperren?«

»Wohin denn? Einen Stall habe ich nicht. Meine Heidschnucken stehen das ganze Jahr auf der Weide.«

»Dann sollten Sie schnellstens einen Elektrodraht ziehen. Oder besser gleich zwei. Das hilft fürs Erste.«

»Wie stellen Sie sich das vor? Neujahr steht vor der Tür, unsere Gaststätte ist ausgebucht.«

»Ja, dann kann ich Ihnen auch nicht weiterhelfen.« Jürgen Loose steckte sein Smartphone zurück in die Jackentasche. »Das Einzige, was ich machen kann, ist, den Wolfsberater zu befragen. Vielleicht hat der ja einen Tipp für Ihre Schnucken.«

»Rufen Sie mich an?«

»Ganz sicher.« Jürgen Loose war bereits in sein Auto geklettert. »Lassen Sie mich durch, dann geht's schneller.«

Gegen Mittag kam endlich der Anruf. Berthold Klein war gerade dabei, mit seiner Frau Ursula den Küchenplan für die morgige Neujahrsfeier durchzugehen.

»Konnte den Wolfsberater nicht erreichen«, erklärte Jürgen Loose. »Ist halt zwischen den Jahren ... Habe daher selbst noch ein wenig recherchiert. Im Internet. Die Wölfe bei uns sind in der Regel nachtaktiv. Sie können in einer Nacht 50 Kilometer und mehr marschieren. Kann also gut sein, dass der Bursche längst über alle Berge ist.«

»Das beruhigt mich nicht«, erwiderte Berthold Klein. »Heute Morgen war er nachweislich an meiner Schnuckenweide. Wenn er sich tagsüber versteckt, wird er nicht weit sein.«

»An einen Hütehund oder Esel kommen Sie auch nicht auf die Schnelle?«

»Esel?«

»Ja, neben Hütehunden werden auch Esel als Schutztiere eingesetzt. Sie laufen nicht weg, wie Ihre Heidschnucken, wenn sich ein Wolf nähert, sondern stellen sich ihm. Das mögen Wölfe nicht.«

»Nein, wüsste nicht, woher ich auf die Schnelle einen Esel bekomme. Und die Hütehunde, von denen ich weiß, sind alle selbst im Einsatz.«

»Dann hilft nur noch hoffen und beten.« Jürgen Loose seufzte auf. »Tja, die Zeiten für euch Schäfer werden rauer. Wolf, Luchs, Adler sind zurück ...«

»Wenn der Wolf bei uns heimisch wird, gebe ich meine Schnucken auf«, polterte Berthold Klein los. »Diesen Zirkus mit Hütehunden, Eseln und Elektrozäunen – da spiele ich nicht mehr mit. Dafür bin ich zu alt. – Nur, was mache ich heute?«

»Da bleibt nur eins.« Jürgen Loose räusperte sich. »Wenn Sie sicher gehen wollen, dass der Wolf nicht bei Ihren Heidschnucken zuschlägt, müssen Sie wohl oder übel heute Nacht draußen im Wald Wache schieben.«

»Sie werden lachen, daran hab' ich auch schon gedacht.« Berthold Klein sprach nun leiser. Er wollte nicht, dass seine Frau von den abenteuerlichen Gedankenspielen erfuhr. »Das hat doch was. Im warmen Stroh zu liegen, zwischen den Heidschnucken, über sich die Sterne ...«

»Na, denn ...«, Jürgen Looses Stimme klang eine Spur sarkastisch, »... wünsche ich schon mal Prosit Neujahr – und guten Rutsch!«

Ursula Klein war alles andere als begeistert. Der Vorschlag ihres Mannes, abends hinaus zur Schnuckenwiese zu fahren, um gemeinsam die Silvesternacht im Heuschuppen zu verbringen, stieß bei ihr auf taube Ohren. Da half es auch nichts, dass er ihr ein romantisches Picknick zu zweit mit leckerem Essen, einem guten Wein und Sekt für den Jahreswechsel im verschneiten Wald versprach. Er warb mit Engelszungen ... ohne Erfolg.

»Mensch, Berthold. Das ist doch nicht dein Ernst? Wir sind doch keine zwanzig mehr.«

»Ach komm«, hielt er lächelnd dagegen. »Du weißt doch: Je oller, je doller.«

»Es ist tiefster Winter. Mit eisigen Temperaturen. Wir werden uns Frostbeulen holen.«

»Ich hab' unsere Daunenschlafsäcke schon rausgelegt«, grinste er vielsagend.

»Das darf doch nicht ...«

»Außerdem mach' ich uns ein loderndes Lagerfeuer«, unterbrach er sie. »Die ganze Nacht. Schon für den Wolf. Und wir haben es dann kuschelig warm.«

»Nein, nein, nein!« Ursula Klein schlug energisch mit der flachen Hand auf den Küchentisch. »Silvester möchte ich wie immer in unserer gemütlichen warmen Stube verbringen. Und damit Ende der Durchsage.«

Mit diesen unmissverständlichen Worten verabschiedete sie sich zum Mittagsschlaf.

Gegen halb vier saßen sie bei Kuchen und Neujahrskrapfen beisammen und schlürften an ihren Kaffeetassen. Wortlos. Draußen dämmerte es bereits, neuerlicher Schneefall kündigte sich an. Berthold Klein starrte die meiste Zeit aus dem Fenster. Die Unruhe war ihm deutlich anzusehen.

»Meinst du nicht, dass du Gespenster siehst?«, unterbrach seine Frau das Schweigen.

»Ich glaube nicht.« Der Gastwirt erhob sich. Mit der Tasse Kaffee in der Hand trat er ans Fenster.

»Es fängt wieder an zu schneien«, murmelte er. »Da werden die Schnucken im Unterstand sein.«

»Du und deine Schnucken.« Ursula Klein seufzte auf. »Da wird schon nichts passieren.«

»Das ist leicht gesagt ...«

»Sie hatten bisher immer einen Schutzengel.«

»Nicht immer ...« Abrupt drehte er sich zu ihr um. »Irgendwie werde ich den Gedanken nicht los, dass heute noch was Schlimmes passiert.«

»Immer deine düsteren Vorahnungen ... du machst dich grundlos verrückt – und der Wolf ist längst über alle Berge.«

Schwungvoll stellte er die Kaffeetasse ab. Sie war noch halbvoll. »Ich fahr noch mal raus«, sagte er entschlossen.

»Bitte? Jetzt noch?«

»Ja.« Er wandte sich zur Tür. »Nur kurz. Um mich zu beruhigen. Bin in einer halben Stunde zurück.«

»Berthold ...!«, rief sie ihm nach.
Doch da war er schon zur Haustür hinaus.

Feiner Schneegriesel ging auf Windschutzscheibe und Dorfstraße nieder. Kein anderes Auto war zu sehen, die Bürgersteige waren verwaist. Der Ort schien wie ausgestorben.

Zügig passierte Berthold Klein die letzten Häuser. Außerhalb der Ortschaft beschleunigte er rasch auf 80 km/h, durch die Feldmark verlief die Landstraße schnurgerade. Da der Pick-up über Allrad-Antrieb und gute Allwetter-Reifen verfügte, fühlte sich sein Fahrer trotz des Schneefalls und der Dämmerung relativ sicher.

Kurz nachdem der Wagen in den Wald eingetaucht war, passierte es.

Ein Reh tauchte im Scheinwerferfernlicht auf. Im Troll kreuzte es die Straße, von links nach rechts. Ungefähr fünfzig Meter vor dem Pick-up.

Behutsam und kontrolliert trat Berthold Klein auf die Bremse. Sein Auto reagierte, blieb aber in der Spur. Mit verminderter Geschwindigkeit und aufmerksam den Waldrand beobachtend fuhr er weiter. Wusste er doch, dass ein Reh selten allein kam.

Das zweite Reh kam hochflüchtig. Aus der gleichen Richtung. Ein schwächeres Stück als das Erste. Wahrscheinlich das Kitz zur vorherigen Ricke, mutmaßte der Autofahrer.

Keine zwanzig Meter vor der Kühlerhaube des Pick-ups rutschte es auf der glatten Straße aus, stürzte, rappelte sich aber rasch wieder auf und tauchte im benachbarten Kiefernwald unter.

»Puh!«, entfuhr es Berthold Klein, nachdem er die Schrecksekunde verdaut hatte. Er trat wieder aufs Gas. »Da hatte ich ja nochmal Glück ...«

Ein Knall ließ ihn zusammenfahren. Gleichzeitig sah er aus den Augenwinkeln, dass seitlich von ihm etwas auf die Straße geschleudert wurde.

Intuitiv machte er eine Vollbremsung. Wegen des rutschigen Straßenbelags kam er erst nach zehn Metern zum Stehen. Nachdem er die Warnblinkanlage eingeschaltet hatte, ließ er die Seitenscheibe herunter. Gleichzeitig legte er den Rückwärtsgang ein. Von anderen Autos war weit und breit nichts zu sehen.

Als Berthold Klein durch das offene Seitenfenster nach hinten schaute, entdeckte er die Kreatur, die er touchiert hatte. Es war ein weiteres Reh, das scheinbar zu den beiden anderen gehört hatte. Regungslos lag es am Straßenrand. Als der Pick-up langsam zurückrollte, sprang es plötzlich auf die Läufe. Allerdings lediglich auf drei, anstelle von vier, den rechten Hinterlauf schonte es. Der schien gebrochen zu sein.

Ungelenk und sehr langsam wechselte das verletzte Tier die Grabenböschung hinab und verschwand im Dunkeln des Waldes.

»Kruzitürken!«, fluchte Berthold Klein. »Das hat mir gerade noch gefehlt!«

Er fuhr rechts ran, ließ Motor, Scheinwerferlicht und Warnblinkanlage laufen und zog sein Handy aus der Tasche.

Auf Jürgen Loose war Verlass. Nur zehn Minuten nach dem Telefonat traf der Jagdpächter an der Unfallstelle ein. Trotz des Silvesternachmittags hatte er ohne Zögern sein sofortiges Kommen zugesagt.

»Wer rechnet denn mit einem dritten Reh«, entschuldigte sich Berthold Klein.

»Das kann doch jedem passieren«, tröstete der Jäger ihn. »Wahrscheinlich war es ein zweites Kitz.«

»Ja, es schien mir recht klein zu sein. Hoffentlich finden wir es rasch.«

»Dafür habe ich meine Hilde mitgebracht.« Jürgen Loose öffnete die Heckklappe seines Geländewagens und ließ einen Schweißhund heraus, eine Alpenländische Dachsbracke.

Kurz darauf standen sie an der Stelle am Straßenrand, wo das verletzte Reh gelegen hatte. Jürgen Loose hatte sich mit Büchse, Hirschfänger und Taschenlampe ausgerüstet, Hilde führte er am langen Schweißriemen.

»Hier habe ich es zuletzt gesehen«, erklärte Berthold Klein. Er hielt ebenfalls eine Stabtaschenlampe in den Händen, deren starker Strahl in den dunklen Wald hinein leuchtete.

»Die Schweißspur ist deutlich zu sehen.« Jürgen Loose setzte seine Hilde auf die Wundfährte im Schnee und gab den Befehl. »Such verwund, mein Hund!«

Sie betraten ein dichtes Kiefernaltholz mit einzelnen Gestrüppinseln. Das Blaubeerkraut, durch das sie marschierten, stand kniehoch, die Sicht am Boden dementsprechend schlecht. Von Hilde, die zirka fünf Meter vor ihnen ihre Spur zog, war nicht mehr viel zu sehen.

Dafür war sie zu hören!

Ein Angstkläffen.

Sie waren noch keine zwanzig Meter von der Straße entfernt, als die brave Bracke plötzlich kehrt machte. Mit einer ordentlichen Bürste auf dem Rücken und winselnd suchte sie die Nähe ihres Herrn.

»Verflixt nochmal!«, entfuhr es Jürgen Loose. Mit dem Strahl seiner Taschenlampe leuchtete er die Gegend vor ihnen aus. »Das kann nur ...«

Er unterbrach sich selbst. »Da, schauen Sie!«, flüsterte er ehrfurchtsvoll.

Auch Berthold Kleins Taschenlampenstrahl hatte die Szenerie vor ihnen erfasst.

Keine zwanzig Schritte entfernt stand neben einer dicken Kiefer ein Wolf. Sein Haupt war gesenkt und beschäftigte sich mit etwas, was am Boden lag. Wegen der zugeschneiten hohen Krautschicht konnten die beiden Männer nicht erkennen, was es war.

Plötzlich packte der Wolf mit einem kräftigen Biss zu, hievte mühelos einen Rehkadaver in die Höhe und trabte los. In nur wenigen Sekunden war er samt seiner Beute im Unterholz verschwunden.

»Donnerwetter!«, presste Berthold Klein leise hervor. »Der war schneller als wir.«

»Gönnen wir es ihm«, erwiderte Jürgen Loose. »Nicht wahr, Hilde?« Die Hündin klemmte immer noch zwischen den Stiefeln ihres Herrn. »Da können wir eh nichts mehr machen.«

Als sie kurze Zeit später die Straße erreicht hatten, fiel die Verabschiedung kurz aus. Silvester wartete.

»Nur gut, dass das Reh erlöst ist«, sagte Berthold Klein erleichtert.

»Und Ihre Schnucken werden's auch danken«, erwiderte Jürgen Loose. Der Jagdpächter und Hilde saßen schon im Auto. »Mit dem Reh hat der Wolf erst mal gut zu tun. Das reicht für ein paar Tage.«

»Da kann ich mir die Fahrt zur Schnuckenwiese ja sparen.« Berthold Klein drückte dem Jagdpächter die Hand. »Und die Schlafsack-Nacht mit meiner Frau im Wald ebenfalls. Schade eigentlich. – Danke für Ihren Beistand. Und guten Rutsch ins Neue Jahr!«

Der Geländewagen verschwand in der Nacht.

# Kalt

Ein Dunstschleier lag über der Stadt. Von den Dächern des Malerviertels stiegen feine Rauchsäulen nahezu senkrecht in den Abendhimmel. Viele der noblen Häuser verfügten über Kamin oder Kachelofen.

Ein Lichtschein fiel auf die penibel vom Schnee befreiten Terrakotta-Fliesen der Südterrasse. Irina Becker hatte den Fenstervorhang ein Stück beiseite geschoben und schaute auf das Außenthermometer.

Minus 12 Grad. Das war schon recht ordentlich. Der Wetterdienst hatte für die kommende Nacht in Braunschweig und den gesamten Osten Niedersachsens bis zu 20 Grad unter Null angekündigt. Verantwortlich hierfür war das stabile Hoch mit dem für die ehemalige Residenzstadt passenden Namen ›Heinrich‹.

Ideales Frostwetter für ihr Vorhaben. Irina Becker schaute gen Himmel. Jetzt musste nur noch der Mond mitspielen.

»Wo bleibst du denn?«

Sie fuhr herum. Er stand in der Tür zu seinem Arbeitszimmer, die qualmende Zigarre in der Hand.

»Du wolltest doch Wein holen.« Ohne eine Antwort abzuwarten, machte er auf dem Absatz kehrt.

Als sie die Kellertreppe hinabstieg, erschauderte sie. Nicht nur wegen der Kälte, die ihr entgegenschlug. Sie befielen plötzlich Skrupel. War sie dessen überhaupt fähig, was sie sich da vorgenommen hatte?

Das Grübeln bekam ihr nicht. Eine Spinne, die über den Fußboden huschte, ließ sie derart zusammenschrecken, dass sie strauchelte. Rasch griff sie nach einer Flasche aus dem Weinregal und verließ den Keller.

Mit entkorkter Flasche und zwei Gläsern in den Händen stand sie kurze Zeit später vor dem Garderobenspiegel im Flur. Kritisch begutachtete sie die frisch gefärbten Haare, die üppig geschminkten Lippen, Wangen und Augen. Ihr Kontrollblick wanderte hinab zum Busen, den Hüften und den langen Beinen, die der kurze Rock hervorragend zur Geltung brachte.

»Doch gar nicht so übel«, murmelte sie. »Für mein Alter ... Er soll seine letzte Chance bekommen.«

Beschwingt durch ihre Gedanken und ohne anzuklopfen betrat sie das Arbeitszimmer. Dichter Zigarrenqualm und klassische Musik erfüllten den Raum, in dem Schreibtischlampe und PC-Monitor die einzigen Lichtquellen waren.

Irina klingelte mit den Gläsern. Ohne von der Tastatur aufzublicken, deutete Gero Becker auf eine leere Stelle neben sich auf dem Schreibtisch.

»Hier hin!«

Nachdem sie die Gläser abgestellt und eingeschenkt hatte, beugte sie sich vor. Sie tat so, als würde sie interessieren, was da auf dem Bildschirm zu sehen war. Dabei streifte ihr Busen seine Schulter, ihre Haare kitzelten sein rechtes Ohr.

»Was machst du denn da Schönes?«, hauchte sie.

»Facebook«, erwiderte er kurzangebunden.

Dabei wich sein Körper ein Stück zur Seite. Von ihr weg, nach links.

»Wollen wir nicht anstoßen?«, startete sie den nächsten Versuch. Sie reichte ihrem Mann ein Glas.

Sie ließen die Gläser klingen. Sie mit einem verführerischen Lächeln und wiegenden Hüften; er mit undurchsichtiger Miene, stocksteif auf seinem Schreibtischstuhl sitzend.

»Scheiße, ist der kalt!« Gero Becker knallte das Glas auf die Schreibtischplatte. »Du lernst es nie«, schimpfte er. »Wie kann man nur so eiskalten Rotwein servieren ...«

»Sorry!«

»Hoffentlich passiert dir das nicht, wenn am Wochenende die Hasselbachs kommen. Das wäre hochpeinlich ...«

»Kümmer dich doch nächstes Mal selbst!« Nun war auch sie wütend. »Wie blöd ich doch bin ...« Sie schnappte die Flasche und ging zur Tür. Dann drehte sie sich noch einmal um.

»Apropos Hasselbachs. Du wolltest dich doch um den Braten kümmern. Hast mächtig damit geprahlt, du würdest 'n Reh oder 'n Schwein schießen. Was ist jetzt? In der Truhe ist Ebbe.«

»Schaff ich noch«, knurrte er, während er sich wieder dem Rechner zuwandte. »Sobald der Mond vernünftig scheint, gehe ich auf Sauen ...«

Zurück in der Küche leerte sie ihr Weinglas mit einem Zug. »Ich Rindvieh!«, schimpfte sie mit sich selbst. »Sicher hatte er heute schon seinen Sex.«

In der Firma ist er ihr bestimmt wieder an die Wäsche gegangen. Dieser drallen Auszubildenden, diesem strohdoofen Flittchen mit dem Atombusen. Im letzten Frühjahr bei der Aufstiegsfeier der Eintracht im Deutschen Haus hatte sie die beiden erwischt. Als er von einem Toilettengang nicht an ihren Tisch zurückkehrte, war sie losgezogen, um ihn zu suchen. Ihr untrügliches Gespür für heikle Ehesituationen hatte sie in die Katakomben des Hotels getrieben.

In einer Besenkammer, ausgerechnet in einer Besenkammer trieben sie es. Durch den Türspalt konnte sie deutlich die nackten Pobacken dieser Schlampe erkennen, deren Fleisch seine feisten Wurstfinger kneteten. Finger, von denen einer den Ehering schmückte, auf dem ihr Hochzeitsdatum und Vorname eingraviert waren.

In ihrer Wollust und ihrem Gestöhne hatten sie Irina Becker nicht bemerkt. Völlig perplex zog sich die gehörnte Ehefrau zuück, ließ sich auch später am Tisch nichts anmerken. Erst Zuhause hatte sie ihn zur Rede gestellt, ihn mit Hasstiraden und Fäusten traktiert. Doch da war er schon längst jenseits von Gut und Böse. Wegen des vielen Alkohols, den er an diesem Abend mal wieder genossen hatte.

Als er auch am nächsten Morgen alles abstritt, engagierte sie einen Privatdetektiv. Der brachte rasch Gewissheit. Ihr Gero gab sich mit der Auszubildenden einem ausgeprägten Sexualleben hin. Mal trieben sie es im Mercure Hotel Atrium, mal im Auto am Kreuzteich in Riddagshausen oder auf einer Lichtung im Querumer Forst.

»Dann trink' ich eben Pils.« Seine genervte Stimme ließ sie zusammenfahren. Auf Socken kam er in die Küche geschlurft, öffnete den Kühlschrank und griff sich eine Flasche Bier. Ohne sie eines weiteren Blickes zu würdigen, verschwand er wieder.

Mit den Fotos konfrontiert, die der Privatdetektiv geschossen hatte, lachte er nur. So wäre das nun mal im Leben, hatte er gehöhnt. Die Liebe ließ nach, die Lust blieb. Und wer es sich leisten konnte - Geld und Macht hatte Gero Becker in Überfluss -, dem lagen die jungen Dinger zu Füßen.

Ja, das liebe Geld. Irina Becker seufzte auf. Bei einer Scheidung würde sie nicht viel bekommen, das hatte er alles so arrangiert. Bei ihrem aufwändigen Lebensstil wäre das schon bitter. Und eine Scheidung wollte er auch gar nicht. Es sollte alles so bleiben, wie es war.

Nicht mit ihr.

Als Irina Becker das Rollo vom Küchenfenster hochzog, sah sie ihn. Was da hinter dem winterkahlen Geäst einer Ulme hervorschimmerte, war keine Laterne der Spitzweg-Straße. Das war der Mond. Eine fette goldgelbe Scheibe erhob sich behäbig über den schneebedeckten Dächern der Nachbarschaft. Es war zwei Tage vor Vollmond.

Der Dunst schien wie weggeblasen.

»Die Schweinesonne«, frohlockte sie leise. »Jetzt oder nie.«

Nachdem sie Teewasser aufgesetzt hatte, eilte sie ins Arbeitszimmer und rief: »Gero, schau mal aus dem Fenster. Was für ein prächtiger Mond. Dazu der Schnee. Wenn das nicht ideale Jagdbedingungen sind.«

»Keine Lust«, knarzte er. Sein Augenmerk galt weiterhin allein dem PC.

»Aber der Braten ...«

»Den krieg ich schon irgendwo her.«

Das Telefon klingelte.

Irina Becker lief hinüber ins Wohnzimmer. Es war ihr Bruder Paul, der in Peine wohnte. Auch er hatte Eheprobleme und wollte sich bei ihr ausheulen. Das kam jetzt höchst unpassend; Irina Becker wimmelte ihn kurzerhand ab.

Da hatte sie eine Idee. Voller Zuversicht schlenderte sie zurück ins Arbeitszimmer.

»Was gibt's denn schon wieder?« Gero Becker wollte anscheinend seine Ruhe haben.

»Das war eben Katja«, log sie.

Katja Sievers war eine Freundin, die ebenfalls mit einem Jäger liiert war. Ihr Mann, Dirk, war der Jagdnachbar von Gero Becker, draußen vor den Toren der Stadt in Wendhausen. Zunächst hatten die beiden Männer sich gut verstanden, doch dann hatte es Streit gegeben – wegen einer läppischen Jagdneiderei – und seitdem sprachen sie nicht mehr miteinander.

»Und?« Eigentlich war Gero Becker an Einzelheiten überhaupt nicht interessiert.

»Nichts und. Sie wollte sich mit mir treffen. Ihr Dirk ist auf Nachtansitz, und da hat sie einen freien ...«

»Was?«, fuhr ihr Mann dazwischen. »Dirk Sievers geht auf Nachtansitz?«

»Ja. Am Wenter Berg soll eine Rotte Sauen aufgetaucht sein. Mehr als zwanzig Stück.«

»Bitte?«

Sie brauchte gar nicht zu antworten. Gero Becker war aufgesprungen und trat ans Fenster.

Er hatte den Köder geschluckt.

»Supermond«, murmelte er, während er seine Nase an die Scheibe drückte. Und lauter: »Am Wenter Berg, sagtest du? Zwanzig Stück?«

Irina Becker nickte nur.

»Ich mach mich fertig.« Er schaltete den Rechner aus. »Das fehlte noch, dass mir der Sievers die Sauen vor der Nase wegschießt.«

»Soll ich dir einen heißen Tee machen?«

Doch da war er schon die Treppe hinauf.

Mit zittrigen Händen bereitete sie den Früchtetee, fügte ordentlich Zitronensaft und Honig dazu – so, wie er es liebte – und bröselte zum Schluss vier Schlaftabletten in die Thermoskanne. Das müsste reichen.

Nachdem sie sich vergewissert hatte, dass er an seinem Waffenschrank hantierte, lief sie in die Garage. Sie öffnete die Heckklappe des Q7 und nahm den Ansitzsack heraus. Da er Büchse, Fernglas und Rucksack auf die Rückbank legte, würde er erst im Revier merken, dass der Ansitzsack fehlte.

Doch dann war es zu spät. In seiner Sturheit würde er sich trotzdem auf den Hochsitz setzen und jämmerlich frieren. Und ordentlich Tee trinken.

»Okay, kann nichts schaden«, sagte er, als er die Thermoskanne entgegennahm. »Wenn der Tee denn nicht so eisig ist wie der Wein ...«

»Dann Waidmannsheil«, rief sie ihm noch nach.

Die folgenden Stunden waren die längsten ihres Lebens.

Um sich abzulenken, zappte sie durchs abendliche Fernsehprogramm. Dabei trank sie die Flasche Rotwein leer, die ihr Mann verschmäht hatte.

Als Nächstes blätterte sie in alten Fotoalben. Guckte Hochzeitsbilder, Fotos aus den Flitterwochen und den Urlauben danach. Kinder waren keine zu sehen. Ihre Ehe war kinderlos geblieben, weil Gero Becker zeugungsunfähig war.

Beim Anblick der Fotos schossen ihr Tränen in die Augen. Nicht aus Sentimentalität, sondern aus Wut. Aus Wut über die vergeudete Zeit. Hätte sie vorher gewusst, dass ihr Mann keine Kinder zeugen konnte, hätte sie ihn niemals geheiratet.

Zwischendurch trat sie immer wieder ans Fenster und schaute auf die Straße hinaus. Ihre Befürchtung, dass wider Erwarten irgendwann der Q7 auf der Spitzweg-Straße auftauchen würde, hielt sich hartnäckig.

Vielleicht hatte er ja die Thermoskanne im Auto vergessen. Oder es hielten ihn tatsächlich Sauen derart auf Trab, dass er gar nicht zum Teetrinken kam.

Sie schaltete ihr Notebook ein und gab bei *Google* ›Tod durch Erfrieren‹ ein. ›Eine akute Unterkühlung kann bereits innerhalb weniger, meist fünf bis sieben Stunden zum Tod führen‹, las sie dort. ›Im Zusammenwirken von äußeren und inneren Faktoren reichen Umgebungstemperaturen bei Plusgraden zwischen vier und acht Grad Celsius für den Todeseintritt aus.‹

»Vier bis acht Grad«, höhnte sie. »Dass ich nicht lache.«

Das Außenthermometer zeigte mittlerweile – es war kurz vor Mitternacht – minus fünfzehn Grad. Aber das war hier in der Stadt. Draußen im Revier waren es bestimmt schon minus siebzehn oder achtzehn.

Der Tee wird ihn längst in einen seligen, tiefen und langen Schlaf versetzt haben, sprach sie sich Mut zu. Den Rest würde Väterchen Frost erledigen.

Zu dumm aber auch, wenn man bei dieser Eiseskälte ohne Ansitzsack auf einem Hochsitz saß.

Gegen eins ging Irina Becker noch einmal in den Keller, um eine weitere Flasche Rotwein zu holen. Kurz nach zwei war sie sturzbetrunken auf dem Sofa eingeschlafen.

Das ausdauernde Geklingel des Telefons weckte sie. Nur mit Mühe bekam sie die Augen auf. Es war schon hell. Trotz des Katers fiel ihr sofort ein, was am Vorabend passiert war.

Mit einem mächtigen Brummschädel erhob sie sich und irrte durchs Wohnzimmer. Das Telefon fand sie auf dem Kaminsims.

»Becker«, meldete sie sich mit heiserer Stimme.

»Irina, du Arme«, vernahm sie Katjas Stimme. »Herzliches Beileid«

»Bitte?« Irina Becker spielte die Verwunderte. »Katja, was soll das?«

»Ist denn die Polizei noch nicht bei dir gewesen?«

»Nein.«

Für Sekunden blieb es still am anderen Ende der Leitung.

»Oh, mein Gott«, kam es endlich. »Dein Gero ... dein Gero ist verunglückt ... heute Nacht bei der Jagd ... am Wenter Berg ... wahrscheinlich erfroren.«

In diesem Augenblick klingelte es an der Haustür.

»Das wird die Kripo sein«, sagte Katja, die durchs Telefon das Türschellen mitbekommen hatte. »Sie werden dir alles erzählen. - Irina, es tut mir so leid für dich ...«

»Danke ... Schon gut ...«, stammelte die frisch gebackene Witwe heuchlerisch. Eigentlich war ihr zum Jubilieren zu mute. »Ich muss jetzt zur Tür.«

Als Irina Becker die Haustür öffnete, sah sie nicht besonders vorteilhaft aus. Das war dem nächtlichen Trinkgelage geschuldet und dem Umstand, dass sie weder ihre Morgentoilette noch einen Kleiderwechsel verrichtet hatte.

»Rütermann und Banderas vom Zentralen Kriminaldienst Braunschweig«, stellten sich die beiden Herren vor. Wegen des eisigen Wintermorgens trugen sie dicke Mäntel, Mützen und Schneestiefel.

»Frau Becker, wir haben leider keine guten Nachrichten für Sie.«

»Ich weiß bereits Bescheid.« Irina Becker senkte den Blick. »Kommen Sie doch herein.«

Bevor sie im Wohnzimmer Platz nahmen, legten die beiden Männer ihre Mäntel und Mützen ab. Aus den Augenwinkeln musterte Irina Becker ihre Gäste mit Neugier und Skepsis. Rütermann war klein, dick, alt und hässlich - Banderas groß, schlank, jung und hübsch. Letzterer sah seinem berühmten schauspielernden Namensvetter aus Spanien nicht unähnlich.

»Woher wissen Sie ...?«, fragte Rütermann.

»Eine Freundin hat mich informiert«, säuselte Irina Becker. »Ihr Mann ist auch Jäger ...« Ihre Worte ersticken in einem Schluchzen.

»Er hat nicht groß gelitten«, sagte Banderas mit sanfter Stimme. Mein Gott, registrierte Irina Becker, er sieht nicht nur so aus, sondern er spricht auch wie sein spanisches Pendant.

»Ich mache mir schwere Vorwürfe.« Sie betupfte ihre Augenwinkel mit einem Papiertaschentuch. »Dass ich ihn hab' gehen lassen. Die bitterkalte Nacht, das viele Bier ... Da wird man halt schnell müde.«

Wieder schluchzte sie. »Die Jagd war seine große Leidenschaft.« Dass seine größte Leidenschaft die Jagd nach fremden Röcken war, verschwieg sie geflissentlich.

»Ja, diese hundsgemeine Kälte«, erwiderte Rütermann. »Sonst hätte Ihr Mann den Sturz wahrscheinlich überlebt.«

»Sturz?« Irina Becker traf das Wort wie eine Backpfeife. »Ich dachte, er ist friedlich eingeschlafen.«

Die beiden Beamten schauten sich erstaunt an. »Hat Ihnen Ihre Bekannte nicht erzählt, dass Ihr Mann vom Hochsitz gefallen ist?«, fragte Banderas.

Irina Becker schüttelte den Kopf. Ihre Gedanken schlugen Purzelbäume.

»Den Spuren im Schnee nach zu urteilen, ist Ihr Mann beim Hinaufklettern auf den Hochsitz auf einer vereisten Leitersprosse ausgeglitten und in die Tiefe gestürzt. Er ist mit dem Kopf gegen einen Baumstumpf geschlagen und war sofort bewusstlos. Der Notarzt sagte, wenn es nicht so kalt gewesen wäre, hätte eventuell noch die Chance bestanden ...«

»Bitte ...« Irina Becker schlug die Hände vors Gesicht. »Nicht weiter ...« Sie brauchte Zeit, um sich zu sammeln. Ihr Mann war gestürzt? Er war gar nicht zum Teetrinken gekommen. Sie war also keine Mörderin ... Und trotzdem war sie ihn los.

Ihr Lachen war schrill. »Die Nerven«, entschuldigte sie sich.

Rütermann und Banderas schauten verlegen zu Boden.

Rasch fing sie sich wieder. Wo ist der Rucksack mit dem Tee, schoss es ihr durch den Kopf. Doch nicht im Polizeilabor?

Mein Gott ...

»Und die Sachen meines Mannes?«, fragte sie. »Der Rucksack ... äh, das Gewehr und der Q7?«

»Das wird Ihnen heute Vormittag noch überstellt«, erklärte Rütermann. »Kriminalhauptkommissar Banderas wird sich persönlich darum kümmern ... Wir möchten Sie außerdem bitten, in die Gerichtsmedizin zu kommen. Sie wollen Ihren Mann sicher sehen, oder ...?«

»Doch, doch.« Irina Becker guckte gequält. »Selbstverständlich.«

Zwei Stunden später klingelte es erneut an der Haustür. Dieses Mal war Irina Becker vorbereitet. Sie hatte geduscht – dabei ein fröhliches Lied geträllert – sich dezent geschminkt und umgezogen. Sie trug ein kurzes schwarzes Kleid und schwarze Strumpfhosen. Ein Glas Sekt hatte sie sich auch schon wieder gegönnt.

Es war Banderas. Er hatte das Gewehrfutteral ihres Mannes geschultert, in den Händen hielt er den Autoschlüssel vom Q7 – und den Rucksack.

»Der Wagen steht in der Einfahrt«, sagte er, indem er das Schlüsselbund überreichte. »Das hier sind die übrigen Sachen. Und wenn Sie soweit sind, können wir gleich los. In die Gerichtsmedizin ...«

»Kommen Sie doch erst einmal herein«, hauchte sie. »Sonst frieren Sie da noch fest.«

Upps, das war geschmacklos. Wegen ihres lockeren Mundwerks schalt sich Irina Becker innerlich.

Sie nahm den Rucksack entgegen.

»Ich mache uns noch rasch einen Tee, dann können wir los.«

Während Banderas das Gewehr abstellte, huschte sie in die Küche. Sie öffnete den Rucksack und fischte die Thermoskanne hervor. Sie war randvoll, der Tee noch gut temperiert.

»Sicher ist sicher«, murmelte sie, indem sie sich anschickte, den Tee in den Ausguss zu schütten.

»Ich trinke gern Früchtetee«, hörte sie plötzlich Banderas' Stimme dicht hinter sich. Er hielt ihren Arm. »Wäre doch jammerschade, den wegzukippen.«

Irina Becker wurden die Knie weich. Sie vermochte schlecht einzuordnen, woran es lag. An der Tatsache, dass der Tee – das Corpus delicti – doch noch den Weg ins Polizeilabor finden könnte? Oder lag es schlicht an der Nähe dieses attraktiven Mannsbildes?

»Wenn Sie wünschen, schenke ich Ihnen gern davon ein.«

Wenig später saßen Sie im Wohnzimmer. Er auf dem Sofa, sie auf einem der Sessel. Nach einem halben Glas Früchtetee begann Banderas zu gähnen; Irina Becker hütete sich, ihr Glas anzurühren. Schließlich sackte er in sich zusammen, lallte noch etwas Unverständliches – und war von einem Moment zum nächsten fest eingeschlafen.

»Das kommt davon, wenn man anderer Leute Tee trinkt«, kicherte Irina Becker. Sie verschwand mit den beiden Teegläsern in der Küche und entsorgte das belastende Gebräu im Ausguss. Sorgfältig spülte sie die Thermoskanne. Nun waren alle Spuren getilgt.

Zurück im Wohnzimmer beäugte sie interessiert den schlafenden Kripomann.

Was für ein schönes Gesicht ihr Gast doch hatte. Die pechschwarzen Haare hingen ihm lausbubenhaft in der Stirn. Und diese Hände! Die langen feingliedrigen Finger waren gepflegt, als käme er gerade von der Maniküre – und er trug keinen Ehering.

Irina Becker ging vor ihm in die Hocke. Kurzentschlossen zog sie seine Schuhe aus – er hatte wohlgeformte schlanke

Füße – und bugsierte die Beine in die Waagerechte. Ihre Hände fuhren zärtlich über seine Waden, die Knie bis hin zu den Oberschenkeln. Deutlich spürte sie sein muskulöses Fleisch.

»Der Gero kann warten«, murmelte sie. »Der liegt ja kühl und trocken.«

# Sommernacht

Hochsommerlich warm sollte es an diesem Freitag werden. Sogar richtig heiß. Die Wetter-App auf Maike Schnurs Smartphone kündigte für die Südheide 33 Grad und mehr an. Und für den frühen Abend und die darauffolgende Nacht zum Samstag sagten die Meteorologen heftige Hitzegewitter voraus.

»Wollen wir uns das wirklich antun?«, fragte die Kriminalkommissarin ihren Vorgesetzten, als sie sich zur Frühstückspause in der Kantine trafen. »Bei diesen tropischen Temperaturen sollte man eher irgendwo schwimmen gehen.«

»Ach komm ...« Robert Mendelski schnippte mit dem Zeigefinger eine Fliege von seinem Salamibrötchen. »Jetzt schwächel mal nicht. Diese Gewitterwarnungen solltest du nicht so ernst nehmen ...«

»Aber ... es gibt doch bestimmt bessere Tage für unser ...«

»Nein, gibt es nicht«, unterbrach er sie mit Nachdruck. »Wir haben bereits August, die Blattzeit geht dem Ende zu. Die Rehböcke werden nicht ewig auf uns warten.«

»Genau so gut könnten wir doch zur Hirschbrunft im September ...«

»Das können wir außerdem.« Der Kriminalhauptkommissar schnaubte. »Hast du vergessen, wie schwierig es war, einen gemeinsamen Termin zu finden? Jetzt lass es uns durchziehen, sonst wird das nie was.«

»Okay, okay.« Maike Schnur gab seufzend nach. »Aber bei Gewitter klettere ich nicht auf einen Hochsitz.«

»Glaubste ich? Bin ja nicht lebensmüde.« Mendelskis Gesicht hellte sich auf. »Aber sofort danach. Wenn es aufgehört hat zu regnen.« Er geriet ins Schwärmen. »Dann kommt das Wild aus den klitschnassen Einständen, um sich im Freien die Decke zu trocknen – ideale Jagdbedingungen, um Beute zu machen.«

»Du hast versprochen, dass du nicht schießt«, protestierte Maike.

»Jaja«, wiegelte er ab. »Nur gucken, nicht anfassen. Versprochen ist versprochen.«

Sie stellte ihr leeres Geschirr zusammen. »Wann holst du mich ab?«

»Halb fünf. Das reicht. Wir brauchen keine halbe Stunde bis Eschede.«

Plötzlich stand Steigenberger an ihrem Tisch. Er stützte beide Hände auf die Tischplatte und beugte sich zu ihnen hinunter. Leise und mit ernster Miene sprach er: »Kommt mal bitte in mein Büro. Es gibt unschöne Neuigkeiten.«

»Sperber? Hans-Jürgen Sperber ausgebrochen? Kaum zu glauben ...« Robert Mendelski schüttelte aufgebracht den Kopf. »Wie konnte das denn passieren?«

»Der Klassiker«, antwortete Kriminaldirektor Steigenberger bedrückt. »In einem Container für aussortierte Bettwäsche. Sperber hat in der JVA-internen Wäscherei gearbeitet.«

»Da muss aber jemand total gepennt haben!«, beschwerte sich Maike Schnur. »Jedes Fahrzeug, das den Knast verlässt, wird doch bis in den letzten Winkel durchleuchtet?«

»Wie der das hingekriegt hat, weiß ich nicht. Noch nicht. Stehe aber mit der JVA Lingen in Kontakt. Werde im Laufe des Tages sicher Näheres erfahren.« Steigenbergers Sorgenfalten vertieften sich. »Viel wichtiger als der genaue Ausbruchshergang ist allerdings das, was Sperbers zurückgebliebener Zellengenosse von sich gibt.«

Mendelski ächzte: »Das kann ich mir schon denken.«

»Genau. Sperber hat all die Jahre im Knast immer wieder davon gesprochen, an wem er sich rächen wollte, wenn er erst wieder draußen ist. Nichts wäre ihm wichtiger als das.«

Maike holte tief Luft: »Oh Mann. Bei dem stehen Robert und ich sicher ganz oben auf der Abschussliste.«

»Ja. Leider. Noch vor diesem ... diesem Waldschrat. Wie hieß der doch?«

»Janoske«, brummte Mendelski verdrossen. »Bruno Janoske.«

»Schöne Scheiße«, regte sich Maike auf. »Ausgerechnet der. Da bringt man unter Einsatz seines Lebens einen mehrfachen Mörder hinter Gitter[1] und die lassen den einfach laufen. Ich fass' es nicht ...«

»Na, was glauben Sie, was da jetzt los ist? Bei denen brennt die Hütte«, entgegnete Steigenberger. »Die Justizministerin ist auf dem Weg ins Emsland, in der Haut des JVA-Chefs wollte ich nicht stecken. Die bundesweite Fahndung läuft auf Hochtouren. Auch Interpol wurde schon eingeschaltet, denn von Lingen ist es nicht weit nach Holland und Belgien.«

»Wie lange musste der denn noch?«, fragte Mendelski.

»Sieben Jahre hatte er abgesessen, mindestens neun bleiben noch. Plus Sicherungsverwahrung wegen besonderer Schwere der Schuld.«

»Das lohnt sich für den ja richtig«, kommentierte Maike. »Wann genau ist er denn getürmt?«

Steigenberger war anzusehen, dass ihm die Frage unangenehm war. »Tja, ausgebrochen ist er schon gestern am späten Nachmittag, also vor mehr als 15 Stunden. Der Lieferwagen, mit dem Sperber entkommen konnte, hat gestern Abend gegen 18.30 Uhr die JVA Lingen verlassen.«

»Wie bitte?« Maike Schnur rutschte unruhig auf ihrem Stuhl hin und her. »Und darüber bekommen wir erst jetzt Bescheid?«

---

[1] siehe: Christian Oehlschläger: Der Waldvogel, 2011

»Schöner Saftladen«, grollte Mendelski. »Da funktionieren in Lingen wohl auch Telefon und Fax nicht so recht ...«

»Es tut mir ja leid, aber da gab's wohl tatsächlich einige Pannen bei der Kommunikation«, versuchte Steigenberger zu beschwichtigen. »Ich habe von dem Ausbruch erst vor wenigen Minuten erfahren.«

»Das darf doch wohl nicht wahr sein!«, echauffierte sich Maike. »15 Stunden ... in der Zeit kann der Sperber fünfmal von Lingen nach Celle gefahren sein ...«

Der Kriminaldirektor zog bedauernd die Schultern hoch.

»Okay, das bringt jetzt alles nichts«, sagte Mendelski, der versuchte, ruhig zu bleiben. »Gibt es irgendwelche Hinweise auf mögliche Fluchtorte, Helfer, Kontaktpersonen?«

»Nicht, dass ich wüsste. Sperber soll in den sieben Jahren seiner Haft kein einziges Mal Besuch gehabt haben.«

»Also bleibt als einziger Anhaltspunkt die Aussage des Zellennachbarn. Dass Sperber einen Rachefeldzug geplant hat.«

»Genau. Ich weiß, das ist nicht viel.«

»Was können wir also machen, was schlägst du vor?«

Steigenberger griff nach einem Blatt Papier neben sich auf dem Schreibtisch. »Oberste Priorität hat jetzt eure Sicherheit«, sagte er und schaute auf seine Unterlagen: »Erstens: Eure Wohnsitze bekommen Objektschutz, rund um die Uhr. Dein Haus, Robert, in Boye, und Ihre Wohnung in der Innenstadt, Frau Schnur. Dafür bekommen wir Unterstützung vom LKA, natürlich auch in der Hoffnung, Sperber an einem der beiden Orte wieder zu fassen. Zweitens: Euch – und eure Angehörigen – werden wir aus der Schusslinie nehmen. Um Sperber kümmern sich jetzt andere Leute. Dass ihr den Lockvogel spielt, kommt nicht in Frage. Darauf bestehe ich.« Steigenberger schaute seinen Mitarbeitern nacheinander in die Augen. »Klar? – Also werdet ihr mit euren Lieben erst mal das bevorstehende Wochenende auswärts verbringen, an einem geheimen Ort. Unter Polizeischutz, versteht sich.«

»Daraus wird nichts«, fuhr Maike Schnur dazwischen. »Matthew ist zur Zeit in England.«

»Und meine Carmen macht einen Familienbesuch in Barcelona«, ergänzte Mendelski.

»Um so besser.« Steigenberger schien erleichtert. »Dann bleiben nur noch ihr zwei übrig. Das erleichtert die Sache erheblich. Sehr schön. Ich hätte da ein schnuckeliges, diskretes und vor allem bombensicheres Plätzchen für euch beide. Wo man sich gut um euch kümmert. Gar nicht so weit weg, im schönen Hannover. Bei den Kollegen ...«

»... vom LKA?«, unterbrach ihm Mendelski. »Nee, lass mal stecken!« Der Kriminalhauptkommissar winkte ab. »Maike und ich kennen was Besseres. Da wo wir hinfahren, findet uns kein Mensch.«

Trotz der schattenspendenden Straßenbäume an der B191 flimmerte der Asphalt vor Hitze. Es war bereits kurz vor 17.00 Uhr, doch das Thermometer zeigte immer noch über 30 Grad an. Von den angekündigten Hitzegewittern, die eine Abkühlung bewirken sollten, war weit und breit nichts zu sehen.

Der Kombi mit Celler Kennzeichen rollte mit vorschriftsmäßiger Höchstgeschwindigkeit von 70 km/h an dem stationären Blitzer am Straßenrand in Hornshof vorbei. Den Wagen steuerte ein älterer Mann, neben ihm saß eine deutlich jüngere Frau. Der Fahrer schaute auffallend oft in die Rückspiegel.

»Bleib gelassen, uns verfolgt schon keiner«, beruhigte ihn Maike. »Schon gar nicht der Sperber. Wahrscheinlich liegt der längst am Strand in der Sonne, auf Mallorca oder in Miami.«

»Hoff ich ja auch«, erwiderte Mendelski. »Nein, ich will nur sichergehen, dass Steigenberger sein Versprechen einhält – und uns ohne Geleitschutz ziehen lässt.«

»Du meinst, der schickt uns heimlich ein paar Kollegen hinterher?«

»Zutrauen würde ich ihm das, ja.«

Maike Schnur, die sonst bei Dienstfahrten den Wagen steuerte, trommelte ungeduldig mit den Fingern auf ihre Oberschenkel. »Kannst wieder Gas geben. Die 70er-Zone ist vorbei.«

»Mal schön langsam mit den jungen Pferden«, konterte Mendelski. »Wir sind weder im Dienst noch auf der Flucht. Außerdem liegen wir gut in der Zeit. Vor 19.00 Uhr brauchen wir nicht auf dem Hochsitz sein.« Sachte beschleunigte er auf 90 km/h.

Maike kehrte in Gedanken zu Steigenberger zurück. »Der Chef war ja nicht sonderlich begeistert von unserem Plan«, sagte sie.

»Nö, natürlich nicht. Die einsame Jagdhütte im Wald ist ihm suspekt. Der hätte uns dieses Wochenende viel lieber im LKA-Bunker in Hannover gesehen.«

»Verständlich. Seinen Einwand, dass Sperber als ehemaliger Förster die Jagdhütte vielleicht kennt – das hältst du wirklich für abwegig?«

»Völlig.« Mendelski setzte den Blinker und überholte ein Traktorgespann mit Strohballen. Erst als er wieder auf seine Spur eingeschert war, sprach er weiter. »Erstens hat Sperber auf der anderen Seite von Celle gearbeitet, weit im Westen. Und zweitens: Selbst wenn er diese Jagdhütte von irgendwelchen Jagden her kennt, warum sollte er mich beziehungsweise uns dort vermuten? Wenn er es wirklich auf uns abgesehen hat, dann sucht er uns doch dort, wo wir seiner Erwartung nach sind: zu Hause.«

»Und wenn er dort auftaucht, schnappen ihn unsere Kollegen oder die vom LKA.«

»Hoffentlich ...« knurrte Mendelski.

Ein Schweigen folgte, untermalt nur von den Motorgeräuschen des Autos. Jeder hing seinen Gedanken nach.

Schließlich unterbrach Maike die Stille. »Wer alles weiß eigentlich von unserem Aufenthaltsort?«

Mendelski nahm die rechte Hand vom Lenkrad und zählte mit den Fingern auf. »Steigenberger, Heiko, Ellen und Jo - mehr nicht. Und natürlich der Jagdhüttenbesitzer und Jagdpächter Raimund Krüger. Das wars.«

»Und dieser Krüger ... kann man dem trauen?«

»Sicher. Hab ihn vorhin angerufen. Er sagte, er habe niemandem erzählt, dass wir bei ihm zu Gast sind. Außerdem ist er derzeit gar nicht in Celle, er segelt irgendwo auf der Ostsee herum.«

»Und dass wir das gesamte Wochenende in der Hütte bleiben, ist für ihn auch okay?«

»Ja klar.«

Wieder folgte eine nachdenkliche Stille - bis Maike forschte: »Weiß Carmen denn Bescheid?«

»Um Gottes willen!« Mendelski schüttelte vehement den Kopf. »Natürlich nicht. Die bricht sonst vor lauter Sorge ihre Reise ab und fliegt sofort nach Hause.«

Maike seufzte auf: »Tja ... Matthew würde genau das Gegenteil tun - nämlich seinen Urlaub verlängern. Die Polizei direkt vor der Haustür ... das geht für ihn gar nicht.«

Der Wald rechts und links wich zurück und machte der freien Feldmark Platz. Der Kombi rollte mit 90 km/h in Richtung Nord-Ost. Wenig später tauchten die ersten Häuser auf.

»Übrigens ...« Maike trat auf ein imaginäres Bremspedal. »Jetzt würde ich langsamer fahren. Hier ist fünfzig angesagt.«

Sie hatten das Ortsschild von Eschede passiert.

Als sie auf dem Kundenparkplatz aus dem klimatisierten Auto stiegen, schlug ihnen die flirrende Hitze entgegen. Rasch flüchteten sie in den Supermarkt, der auf deutlich weniger als 30 Grad temperiert war.

Hier deckten sie sich mit dem Nötigsten ein: Lebensmittel für zwei Tage, dazu Grillkohle, Kaminanzünder, Toilettenpapier, Ersatzbatterien für die Taschenlampen, Kerzen und was man in einer einsamen Hütte im Wald sonst noch so alles brauchte. Ein Sixpack Bier, zwei Flaschen Wein, Süßigkeiten und salziger Knabberkram durften natürlich auch nicht fehlen.

»Hoffentlich gibt's in der Jagdhütte 'n Kühlschrank«, meinte Maike, als sie zurück beim Auto waren. »Oder haben die da draußen gar keinen elektrischen Strom?«

»Aber hallo!« Mendelski warf sich in die Brust. »Wenn ich schon meine Lieblingskollegin zum ersten Mal zur Jagd ausführe, dann bitteschön mit Stil - und luxuriös.«

»Lieblingskollegin - das hast du aber schön gesagt«, flötete Maike. »Und luxuriös finde ich auch gut!«

»In der Hütte gibt's nicht nur Strom, sondern auch fließend Wasser. Und eine Dusche. Aber, was das Wichtigste ist ...« Mendelski hob verschwörerisch den Zeigefinger: »Sie hat ein richtiges WC.«

»Da bin ich aber beruhigt«, lachte Maike.

Sie luden rasch die Einkäufe in den Kofferraum des Wagens und fuhren los.

»Weißt du noch?«, fragte Maike, als sie von der B191 rechts in die Albert-König-Straße abbogen und sich der eigentümlichen Kirche mit getrenntem Turm und Schiff näherten. »Da vorn, gleich neben dem Holzturm ... der Grabstein?«

»Natürlich weiß ich das - ganz genau sogar.« Mendelski zeigte sich empört. »Ist zwar schon ein paar Jährchen her, aber so senil bin ich noch lange nicht.«

»Dann sag's doch«, neckte sie ihn. »Wie hieß gleich das berühmteste Mordopfer von Eschede?«

»Dora Klages«, kam es wie aus der Pistole geschossen. »Und das Jahr, in dem sie ums Leben gebracht wurde, weiß ich auch noch: Das war 1890.«

»Na, geht doch!«, lobte Maike. »Am damaligen Tatort waren wir auch, oder? Irgendwo mitten im Wald ... da lag so ein kleiner Gedenkstein ... halb vergraben.«

»Richtig. Aber wo das genau war, weiß ich nicht mehr.« Mendelski ließ die Kirche links liegen und lenkte den Wagen auf die Südstraße, die L283. »Hoffentlich ...«, dachte er laut, »hoffentlich ist der Tatort schön weit weg von unserer Hütte. Bin da doch ein wenig abergläubisch.«

»Ach nee!« Maike griente. »Davon wusste ich ja gar nichts.« Sie legte nach: »Und wie hieß das Mordopfer von Eschede, mit dem wir es dienstlich zu tun hatten?«

»Das hab' ich natürlich auch nicht vergessen.« Triumphierend hob Mendelski den Zeigefinger der rechten Hand. »Die Tote auf dem Streckenplatz. Yadira. Yadira Martinéz aus der Dominikanischen Republik. Hab das alles genau noch vor Augen ... obwohl es bestimmt schon zehn Jahre her ist. War ein ziemlich kurioser Fall damals ...«[1]

Maike nickte. »Das muss sich hier irgendwo rechts abgespielt haben.« Sie deutete in den Habighorster Weg, den sie gerade passierten. »Am Ortsrand, auf dem Grundstück dieses Steuerberaters ... in einem Swimmingpool ...«

»Jetzt lass aber mal gut sein«, unterbrach sie Mendelski. Da sie das Ortsschild hinter sich gelassen hatten, gab er wieder mehr Gas. »Genug von Mord und Totschlag – und alten Tatorten. Jetzt sind wir privat hier, nur zu unserem Vergnügen. Um ein nettes Wochenende im Grünen zu verbringen.«

»Nicht ganz«, erwiderte sie. Ihr Gesichtsausdruck wechselte, sie wurde ernster. »Vergiss den Sperber nicht. Auch wenn es

---

[1] siehe Christian Oehlschläger: Die Wolfsfeder, 2008

höchst unwahrscheinlich sein mag, dass der hier auftaucht: Wir sollten auf der Hut sein.«

Mendelski schaute kurz zu ihr hinüber. »Wird schon«, sagte er bestimmt. »Wir passen schön aufeinander auf.«

In der Ferne grummelte es.

Das erste Gewitter zog in einiger Entfernung vorbei. Hannover und auch der Süden von Celle hatten offenbar allerhand abbekommen. Maike schaute auf die Wetter-App auf ihrem Smartphone. Das Regen-Radar zeigte an, dass aus Richtung Osten noch einiges auf sie zu kam.

»So'n Mist, kein Empfang mehr«, schimpfte sie, als sie die kleine Heideortschaft Marwede hinter sich ließen. »Schluss mit Funk. Weder Internet noch Telefon. Super.«

Mendelski lenkte den Pkw in einen Feldweg. Der Boden war völlig ausgetrocknet, der Kombi zog eine mächtige Staubwolke hinter sich her. »Ach ja, hab' vergessen, dir das zu sagen«, brummelte er. »Das Revier, in dem wir jagen, und die Jagdhütte ... also da ist so gut wie keine Funkabdeckung. Zum Telefonieren und fürs Internet müssen wir zurück nach Marwede.«

»Das glaub ich jetzt nicht!« Maike war geplättet. »Na, herzlichen Glückwunsch aber auch! Da haben wir einen entflohenen Mörder an den Hacken – und verkriechen uns in einem Funkloch. Was ist, wenn wir Unterstützung brauchen?«

»Brauchen wir nicht.« Mendelski blieb ruhig. »Sperber wird uns nicht finden. Ist völlig ausgeschlossen. Wir sind hier am Ende der Welt. Im positiven Sinne, versteht sich.«

»Und wenn er dann doch hier auftaucht?«, bohrte Maike unbeirrt weiter. »Man hat schon Pferde kotzen sehen, direkt vor der Apotheke.«

»Ach Maike.« Der Kombi bog in einen Waldweg ein. Rechts und links des Weges standen kurzschaftige, spindeldürre Kiefern. »Schau mal«, fuhr er fort. »Wir sind zu zweit. Wir sind Profis, wir sind bewaffnet – und wir haben jede Menge Erfahrung mit solchen Burschen. Das wird schon.«

»Dein Wort in Gottes Ohr ...«, seufzte Maike. »Genau so hatte ich mir das dienstfreie Wochenende mit dir vorgestellt.«

Die Jagdhütte lag mitten in einer Sitkafichtenschonung. Die Bäume standen dicht an dicht und überragten das mit Teerpappe überspannte Dach bereits um einiges. Doch noch taugte das immergrüne Nadelkleid der Koniferen als halbwegs brauchbare Tarnung der Hütte.

»Hui, da ist ja unser Hexenhaus«, rief Maike, als sie auf dem schmalen Forstweg um die letzte Ecke bogen. Mendelski stoppte den Wagen direkt vor der hölzernen Veranda.

»Hast recht«, erwiderte er. »Sieht fast aus wie das Hexenhaus in ›Hänsel und Gretel‹. Das geschwungene Dach, der spitze Giebel mit dem kleinen Fenster ... fehlen nur noch die Schindeln aus Lebkuchen.«

Tatsächlich war die Jagdhütte in sehr ungewöhnlicher Weise gestaltet worden. Der Erbauer des urigen Holzhauses schien mehr Wert auf die Optik gelegt zu haben als auf den praktischen Nutzen. Als Griff für die Haustür diente die abnorme Abwurfstange eines Rothirsches. Die Fensterläden hatte jemand mit bunten Malereien diverser Jagdmotive verziert, die Geländer der Veranda wiesen filigrane Schnitzereien auf.

»Keine Sorge«, beruhigte sie Mendelski. »Drinnen sieht alles halbwegs normal aus. Der jetzige Besitzer der Hütte steht nicht auf Döneken.«

Den Hüttenschlüssel fanden sie – wie verabredet – gut versteckt unter einem Fußbodenbrett der Veranda. Bevor sie ihre Sachen hinein trugen, klappten sie sämtliche Türen und Fensterläden auf und ließen Tageslicht und frische Luft ins Haus.

»Stimmt schon, hier drinnen ist alles praktisch, quadratisch und gut«, bemerkte Maike, während sie den Wohnraum mit integrierter Küche, das Schlafzimmer und das Bad inspizierte. »Aber – ist ganz schön eng hier drinnen. Viel kleiner als das Jagdhaus[1], wo wir damals eingeschneit waren.« Sie guckte verdutzt. »Gibt es hier etwa nur einen Schlafraum?«

»Richtig!« Mendelski verbarg ein Schmunzeln. »Aber – der ist natürlich für dich ganz allein reserviert. Ich schlafe da auf dem Sofa.« Er deutete zu der Sitzecke neben dem Kaminofen. »Das kann man ausziehen, hab' da schon öfter übernachtet.«

Nachdem sie Proviant und Gepäck ins Haus getragen hatten, fuhr Mendelski den Kombi unter einen Carport, der verborgen hinter der Hütte lag.

»Den Wagen brauchen wir heute nicht mehr«, sagte er, nachdem er zu Maike zurückgekehrt war. »Von hier aus geht's zu Fuß zum Hochsitz.«

»Aber bitte nicht so weit«, gab Maike zu bedenken, als sie die Lebensmittel in der winzigen Küche verstaute. Der kleine Kühlschrank platzte schon aus allen Nähten. »Wenn ein Gewitter aufzieht, sollten wir schnell wieder im Trockenen sein.«

»Klar doch. Die Kanzel, die wir benutzen, liegt keine fünf Gehminuten von hier entfernt.«

Sie runzelte die Stirn. »Kanzel? Gehen wir in eine Kirche?«

»Oh oh«, erwiderte Mendelski, während er mit dem Gewehrfutteral hantierte. In seiner Geschäftigkeit merkte er nicht, dass sie ihn auf den Arm nahm. »Ich sehe schon, dieses Wochenende muss ich dir noch so einiges erklären.«

---

1 siehe Christian Oehlschläger: Der Schwanenhals, 2005

»Aber übertreib's nicht«, feixte sie. »Zur Jagdscheinprüfung habe ich mich nicht angemeldet.«

Um Punkt 20.00 Uhr kletterten sie auf den Hochsitz.

Die geschlossene Kanzel stand auf einer Anhöhe am Waldrand. Hinter ihnen ersteckte sich lichter Kiefernwald mit dichtem Ebereschenunterstand, vor ihnen lag die Feldmark mit Äckern und Wiesen. Außer einem Maisschlag, einem Feld mit Zuckerrüben und einer Grünlandbrache waren die landwirtschaftlichen Flächen durchweg abgeerntet, die Zwischenfrüchte standen erst knöchelhoch. Sichtfeld und Äsungsflächen waren somit ideal.

Sie passten nur dicht nebeneinander auf das Sitzbrett. Jeder trug ein Fernglas vor der Brust, seine Büchse hatte Robert Mendelski in eine Ecke gestellt. Bevor sie die Leiter hinaufgestiegen waren, hatte er Maike erneut versprechen müssen, nur im Notfall, also nur auf krankes Wild zu schießen. »Sitzt du wirklich das erste Mal auf einer Jagdkanzel?«, fragte er ungläubig. Er sprach möglichst leise, so wie es sich bei der Jagd gehörte.

»Ja – jedenfalls, um Wild zu beobachten«, flüsterte sie zurück. »Dienstlich bin ich schon mehrfach auf Hochsitzen herumgekraxelt, das weißt du ja.[1] Und das war ja zum Teil nicht sonderlich appetitlich ... Mit Matthew war ich natürlich auch schon mal auf einem. Nur aus Jux und Dollerei.«

»Klar, nur aus Jux und Dollerei!« Mendelski musste grinsen. »Kann mir schon vorstellen, was das für eine Dollerei war – und was ihr da so getrieben habt ...«

»Aber, Herr Kommissar!«, empörte sich Maike. Sie versuchte, ein Stück von ihm wegzurücken, was auf dem schmalen Sitz jedoch nicht gelang. »Keine haltlosen Verdächtigungen, bitte.«

---

[1] siehe Christian Oehlschläger: Der Neunwürger, 2016

In der ersten halben Stunde herrschte Ruhe, Wild war noch keines ausgetreten.

Also erklärte Mendelski seiner jungen Kollegin die Rehbockjagd und erzählte von der Besonderheit, männliches Rehwild im Sommer zu bejagen. Er erzählte von der Brunft, der Blattzeit und der hohen Kunst des Blattens, von Hexenringen, von Fege- und Plätzstellen, schließlich von Knopf- und Perückenböcken.

Zunächst hörte Maike interessiert zu. Doch mehr und mehr zeigte sich die Skepsis in ihrer Miene, bis Mendelski seinen kleinen Vortrag beendete.

»Wie gemein ist das denn!« Maike verzog das Gesicht. »So was von unfair. Ihr lockt den Rehbock mit vorgetäuschtem, lüsternem Fiepen einer Ricke heran, um ihn totzuschießen? Hinterhältig nutzt ihr den Liebesrausch der armen Viecher, die völlig von der Rolle sind, weil sie nichts anderes im Sinn haben, als eine brunftige Ricke zu besteigen?«

»Zu beschlagen«, korrigierte Mendelski sie ungerührt. »Das Begatten beim Schalenwild nennt man ›beschlagen‹.«

»Lass mal gut sein«, wehrte Maike jetzt ab. »Jägersprache – schwere Sprache!«

»Okay. Genug gequatscht.« Mendelski kramte in seiner Hosentasche. »Jetzt schreiten wir zur Tat. Ich zeige dir erst mal, wie man blattet.«

Kurz nach 21.00 Uhr ging die Sonne unter – wie im Bilderbuch, aber mit einem kleinen Schönheitsfehler. Denn im Süden hatte sich am Horizont eine neue Gewitterfront zusammengezogen. Ein tiefschwarzer Wolkenberg kroch im Schneckentempo Richtung Norden.

»Da gibt's heute noch was«, orakelte Maike. »Wir sollten zusehen, dass wir zurück zur Hütte kommen.«

»Ach, das dauert noch.« Mendelski ließ sich nicht aus der Ruhe bringen. »Und wer weiß, in welche Richtung der Wind da oben weht. Gewitter sind noch unberechenbarer als Rehböcke.«

»Apropos ...« Maike spähte durch ihr Fernglas. »Wo bleiben sie denn nun, deine liebestollen Böcke?«

Bisher hatte das Blatten keinen Erfolg gebracht. So kunstvoll und abwechslungsreich Mendelski auch in die kleine Lockpfeife aus Haselnussholz blies, kein Rehbock ließ sich blicken. Nur weiter weg, auf der anderen Seite des Feldes, zwei-, dreihundert Meter entfernt, standen Ricke und Kitz. Ein einzelner Hase hoppelte in ihrer Nähe herum, am Himmel über ihnen kreiste ein Mäusebussard. Die Dämmerung brach herein. Trotz der späten Stunde herrschten noch Temperaturen von weit über 20 Grad.

»Ich glaub, den Böcken ist es einfach zu heiß«, erklärte Mendelski. »Bei dieser Hitze liegen sie lieber irgendwo im schattigen Wald und dösen.«

»Faule Bande!« Maike legte ihr Fernglas in den Schoß. »Ausgerechnet heute machen die schlapp.«

»Dann klappt es eben beim Frühansitz. Wenn es heute Nacht regnet, ist morgen früh garantiert das Wild unterwegs.«

»Was heißt bei dir denn morgen früh? Wann müssen wir dann aufstehen?«

»Um fünf. Spätestens um halb sechs müssen wir hier sitzen, kurz vor sechs geht die Sonne auf.«

»Oh nee!« Maike streckte beide Arme in die Höhe und gähnte. Mitten in der Bewegung stutzte sie.

»Kommt da ein Auto?«, fragte sie, während sie ihren Kopf der Fensterluke näherte und gen Westen spähte. Über die Feldmark hinweg hatte man einen weiten Blick. In der hereinbrechenden Dunkelheit steuerten zwei tanzende Scheinwerfer auf sie zu.

Mendelski setzte sein Fernglas an. »Tatsächlich. Ein Pkw mit Fernlicht«, murmelte er. »Wirbelt ganz schön Staub auf. Er fährt die gleiche Route, auf der wir gekommen sind.«

»Jetzt wechselt er auf Abblendlicht.« Auch Maike hatte zum Fernglas gegriffen. »Und jetzt ist nur noch Standlicht an. Der fährt aber weiter, wie bisher. Schon merkwürdig.«

Beide folgten mit ihren Ferngläsern der Silhouette des Fahrzeugs, das sich dem Wald näherte. Wie viele Personen im Auto saßen, war nicht auszumachen.

»Jetzt hat er das Licht ganz ausgemacht.« Mendelski schraubte an seinem Fernglas. »Der Wagen wird langsamer, rollt aber immer noch.«

»Was hat der vor?« Maike schluckte.

»Der fährt direkt auf die Hütte zu«, raunte Mendelski. »Oder besser: er schleicht.«

»Verflucht! Will der etwa zu uns?«

»Komm, wir müssen runter«, unterbrach Mendelski sie. Auch ihn hatte die Unruhe gepackt. »Wer auch immer das sein mag: Wir schauen nach, was los ist.«

Im Gänsemarsch schlichen sie an der Feldkante entlang. Die nächtlichen Schatten der großkronigen Randbäume schützten sie vor neugierigen Blicken. Mendelski trug die Büchse über der Schulter, das Fernglas vor der Brust. Maike hatte den Rucksack auf den Rücken geschnallt.

An einem Wacholderstrauch, dessen Äste bis auf das Feld ragten, blieben sie stehen. Vorsichtig lugten sie um die Ecke.

»Da vorn steht der Wagen«, flüsterte Mendelski. Er nahm sein Fernglas hoch, ein lichtstarkes 8 × 56. Das Auto, welches er anvisierte, stand keine fünfzig Meter entfernt. Direkt neben dem Waldweg, der zur Hütte führte.

»Und?« Ungeduldig zupfte Maike an Robert Mendelskis Jackenärmel.

»Kann nicht erkennen, ob jemand im Auto sitzt. Ist zu dunkel unter den Bäumen. Vielleicht ist der Fahrer schon ausgestiegen.«

»Könnte das ein anderer Jäger sein?«

»Glaub ich nicht.« Mendelski schüttelte den Kopf. »Hier im Revier ist heute keiner – außer uns. Außerdem verhält sich so kein Jäger.«

»Ist also verdächtig, das Ganze?«

»Sieht so aus.«

»Hm ... Sperber?«

Mendelski schwieg, zuckte lediglich mit den Schultern.

»Und jetzt?«

Der Kommissar überlegte kurz. »Hast du deine Dienstwaffe dabei?«, fragte er schließlich.

Wortlos schlug Maike ihr Flanellhemd zurück. An ihrer rechten Hüfte wurde der Knauf einer Pistole sichtbar. »Die lass ich doch nicht in der Hütte. Heute schon gar nicht.«

»Taschenlampe?«

»Klar doch.« Sie nahm den Rucksack ab und kramte eine Stabtaschenlampe hervor. Mendelski nickte zufrieden.

»Okay. Wir trennen uns jetzt. Ich marschiere hier weiter, an der Waldkante entlang, auf den Wagen zu. Du schleichst parallel dazu durch den Wald und gibst mir im Notfall Deckung. Bleib aber weit genug von dem Auto weg. Und erst wenn ich dir ein Zeichen gebe, kommst du zu mir.«

Sie nickte.

»Die Taschenlampen machen wir erst auf mein Kommando an. Nicht, dass wir beleuchtete Zielscheiben abgeben.«

Maike nickte erneut.

Der trockene Sand unter den Schuhsohlen knirschte. Behutsam setzte Mendelski Fuß vor Fuß. Die Büchse trug er nun diagonal auf dem Rücken. Am liebsten hätte er die in der jetzigen Situation unhandliche Langwaffe am Wacholderbusch zurückgelassen. Doch das war viel zu riskant.

In der rechten Hand hielt er seine geladene, aber gesicherte Dienstpistole, eine handliche Heckler & Koch, in der linken die ausgeschaltete Taschenlampe.

Vorsichtig näherte er sich dem Auto von hinten. Erst als er nur noch zwanzig Meter entfernt war, konnte er die Konturen des Fahrzeugs deutlicher wahrnehmen. Es handelte sich um einen Kompakt-Pkw, einen VW Golf oder dergleichen. So sehr Mendelski sich auch bemühte, er vermochte nicht zu erkennen, ob jemand in dem Fahrzeug saß. Er vermutete, dass die hinteren Scheiben des Autos getönt waren.

Oder war sein Fahrer längst ausgestiegen und auf dem Weg zur Hütte? Bis dorthin mochten es noch gut hundert Meter sein, schätzte Mendelski.

Nach zehn weiteren vorsichtigen Schritten blieb der Kommissar stehen und lauschte. Er glaubte, etwas gehört zu haben. Eine unterdrückte männliche Stimme ... aus dem Auto direkt vor sich.

Dann überschlugen sich die Ereignisse.

Maike Schnur fiel es schwer, sich im Unterholz des Waldes halbwegs geräuscharm fortzubewegen. Die lang anhaltende Trockenheit der letzten Wochen hatte Nadelstreu, Gras und Reisig völlig ausgedörrt. So knackte es unter ihren Schuhen so laut, dass sie bei jedem Schritt zusammenfuhr.

Ihren Kollegen, der ungefähr zwanzig Meter entfernt an der Waldkante entlang schlich, konnte sie nur schemenhaft wahrnehmen. Die Feldmark wurde noch von einem letzten Rest Tageslicht erhellt, im Wald dagegen war es bereits stockdunkel.

Maike sah, wie Mendelski sich dem Auto vom Heck aus näherte. Aus ihrer Position sah das Fahrzeug aus wie ein undefinierbares dunkles Etwas, das wie ein gigantischer Pilz mit dem Waldboden verwachsen schien.

Sie registrierte, dass er stehen blieb. Er war nur noch wenige Meter vom Auto entfernt. Auch sie hörte die Männerstimme. Dumpf, wie aus weiter Ferne.

Plötzlich wurde die Fahrertür aufgestoßen. Das Licht im Inneren des Fahrzeugs flammte auf. Maike konnte deutlich erkennen, dass sich ein Männerkopf ins Freie beugte und nach hinten schaute – zu Mendelski.

Der Oberkörper des Mannes im Auto war nackt. Auf dem Beifahrersitz regte sich eine zweite Person, sie war ebenfalls nur leicht bekleidet, eine Frau mit blonden Locken. Sie presste sich ein Kleidungsstück vor die entblößte Brust und begann, hysterisch zu schreien.

Obwohl Maike die Order hatte, zu warten, bis Mendelski ihr ein Zeichen gab, rannte sie los, auf den Wagen zu. Sie sah, wie Mendelski beide Hände hob und stehen blieb. Sie hörte ihn rufen: »Polizei ... bleiben Sie ruhig ... wir ...«

Weiter kam er nicht. Die Autotür wurde zugeschlagen, im nächsten Moment herrschte wieder Finsternis. Im gleichen Augenblick wurde der Wagen angelassen. Das Rückfahrlicht leuchtete auf, das Auto setzte mit aufheulendem Motor zurück.

»Pass auf!«, schrie Maike, die nur noch wenige Meter vom Geschehen entfernt war. Mit einem Hechtsprung zur Seite brachte sich Mendelski in Sicherheit, sonst wäre er überfahren worden. Das Auto stoppte abrupt, krachend wurde der erste Gang eingelegt, dann machte der Wagen einen gewaltigen Satz nach vorn. Ohne Licht und in Schlangenlinien brauste der Pkw in Richtung Feldmark davon.

»Bist du okay?«, fragte sie Mendelski, der sich inzwischen wieder hochgerappelt hatte.

»Geht schon«, knurrte er, während er sich den Staub von den Hosenbeinen klopfte. »War nur 'n Liebespaar.«

Wenig später erreichten sie die Hütte. Als Mendelski die Tür aufschloss, brachte sich das nahende Gewitter mit einem heftigen Windstoß und lautem Donnergrollen wieder in Erinnerung. Dieses Mal, so schien es, würde das Unwetter nicht an ihnen vorbeiziehen.

»Werden die Stress machen?«, fragte Maike. »Und uns die Kollegen auf den Hals schicken?«

»Die beiden aus dem Auto?« Mendelski verstaute seine Büchse im Gewehrfutteral. Seine Dienstwaffe behielt er am Mann.

»Ja. Die dachten doch sicher an einen Überfall oder sowas. Wer schleicht sich denn sonst von hinten an ein Auto ran? Noch dazu mit einer Pistole in der Hand ...«

»Kommt ganz drauf an.« Er wiegte den Kopf. »Wenn das ein ›offizielles‹ Pärchen war, dann vielleicht. Aber wenn ihr Techtelmechtel im Wald unter ›Fremdgehen‹ fällt, werden die sich hüten, zur Polizei zu laufen.«

»Stell dir mal vor, das SEK taucht hier auf.« Sie konnte sich ein Grinsen nicht verkneifen.

»Wäre mir jedenfalls lieber als der Sperber. Dabei kann der gar nicht wissen, dass wir hier stecken.« Doch in Mendelskis Stimme schwang die Sorge mit, dass seine Einschätzung widerlegt werden könnte.

Die ersten Regentropfen klatschten gegen die Fensterscheiben, große, fette Tropfen, die das Unwetter vor sich hertrieb. Für Bruchteile von Sekunden erhellten Blitze den dunklen Wald, kurz darauf folgte ein bedrohliches Donnern. Das Zentrum des Gewitters war nicht mehr weit.

»Sollten wir nicht lieber die Fensterläden zumachen?«, fragte Maike, während sie den Tisch mit Gläsern, Bierflaschen und einer Packung Salzstangen deckte.

»Weil es so regnet?« Mendelski guckte skeptisch.

»Auch«, erwiderte sie. »Aber vor allem, weil Gardinen fehlen. Für Spanner und unerwünschte Besucher geben wir bei eingeschalteter Innenbeleuchtung eine perfekte Zielscheibe ab.«

»Meinetwegen. Wenn dir damit wohler ist. Aber dann fass' mit an, ich will nicht allein nass werden.«

Sie mussten die Hütte verlassen, um die Fensterläden zu schließen – schwere Holzläden, die vor allem Einbruchversuchen und Vandalismus standhalten sollten. Die beiden zogen sich ihre Regenjacken über, klappten die Kapuzen hoch und traten auf die Veranda.

Heftige Windböen schlugen ihnen entgegen, begleitet von fiesem Regen, Kiefernnadeln und Blättern. Ein greller Blitz schlug unweit der Hütte ein, das ohrenbetäubende krachende Donnern kam nahezu zeitgleich.

»Du rechts rum, ich links«, brüllte Mendelski gegen den Lärm an. »Jeder zwei Fenster!«

»Aye aye, Sir!«, erwiderte Maike und stürmte die Verandatreppe hinab. Auf der unteren Stufe rutschte sie seitlich weg, strauchelte, konnte sich im letzten Moment aber noch am Geländer festhalten.

»Vorsicht!«, rief ihr Mendelski nach. »Das nasse Holz auf der Treppe ist sauglatt.« Den Handlauf greifend stieg er vorsichtig die Treppe hinab.

»Gefällt mir auch nicht«, maulte Maike, als sie wenig später am Tisch saßen. Die Jacken hatten sie zum Trocknen im Bad aufgehängt, ihre nassen Schuhe standen neben dem Kamin.

Verdrießlich nippte sie an ihrem Bier.

»Ist dir etwa kalt?« fragte Mendelski. »Soll ich Feuer machen?«

»Nein, nein, Gott bewahre. Ich ersticke so schon fast.«

»Was stört dich denn jetzt?«

»Die verrammelten Fenster.« Sie starrte auf die verglaste dunkle Öffnung neben sich. Durch die spiegelnden Scheiben konnte man den Holzladen dahinter erahnen. »Wir sitzen hier doch wie in einem Käfig. Es ist eng, stickig, muffig. Und man sieht nichts von dem, was draußen los ist. Das macht mir Angst.«

»Gib's zu, du machst dich verrückt wegen dem Sperber.«

»Und wenn schon.« Sie schob die Bierflasche von sich weg. »Wir hocken hier wie in einer Falle. Haben uns selbst eingesperrt. Was ist, wenn jemand versucht, die Hütte von außen anzustecken? Dann werden wir gegrillt wie die Hähnchen.«

»Einspruch: Bei so viel Regen klappt das nicht.« Mendelski schmunzelte kurz. »Aber meinetwegen machen wir die Fensterläden wieder auf. Wir können ja das Licht ausgeschaltet lassen und uns mit Kerzenschein begnügen.«

Gesagt, getan. Erneut stiegen sie in ihre nassen Klamotten und begaben sich hinaus in das nächtliche Unwetter. Das Gewitter schien abzuwandern oder zumindest eine Pause einzulegen, Blitze und Donnergrollen wurden weniger, der Regen ließ nach.

Die altertümliche Wanduhr neben dem Kamin zeigte 23.05 Uhr an, als sie, zurück in der Hütte, wieder Platz genommen hatten. Die drei in Eierbechern versenkten Teelichter beleuchteten die Tischutensilien nur notdürftig und verbreiteten eine schummrige, fast gespenstische Stimmung.

»So ist es schon besser«, murmelte Maike. Sie schien halbwegs zufrieden. Salzstangen kauend nuschelte sie weiter. »Wann, sagst du, müssen wir morgen früh aufstehen?«

»Um fünf.« Mendelski griff sich eine weitere Flasche Bier.

»Am Samstagmorgen!«, stöhnte sie auf. »An einem dienstfreien Wochenende! Da hab' ich mich ja auf was eingelassen ...«

»Warte ab«, versuchte Mendelski sie aufzumuntern. »Morgen früh ist das Wild auf den Läufen. Du wirst einiges zu sehen bekommen, dank des Regens.«

»Der scheint aber aufgehört zu haben.« Den Zeigefinger in Richtung Hüttendach richtend sagte sie. »Man hört gar nichts mehr. War's das schon?«

»Schwer zu sagen. Gewitter sind unberechenbar.«

Sie gähnte »Wenn ich an morgen früh denke, werde ich schlagartig müde.«

»Kannst ja gleich ins Bett.« Er nahm einen ordentlichen Schluck aus der Flasche. »Ich trinke nur noch eben mein Bier aus. Und dabei kann ich dir ja erzählen, wie ich meinen ersten Bock geschossen habe.« Mendelski grinste hintergründig.

»Wenn's denn unbedingt sein muss«, gab Maike mit schiefem Lächeln zurück. »Mach's aber bitte kurz.«

»Das war ebenfalls im August, in der Blattzeit ...«

Um halb zwölf löschten sie die Kerzen und gingen zu Bett. Mendelski im Hauptraum auf dem Schlafsofa, Maike im einzigen Schlafzimmer der Hütte. Sie zog die Verbindungstür hinter sich zu.

In der Ferne grummelte noch das Gewitter. Der Regen hatte aufgehört, auch der Wind war eingeschlafen.

Mendelski hatte den Weckdienst übernommen. Er stellte seinen Handywecker auf 4.45 Uhr. Er wollte, bevor er Maike eine Viertelstunde später weckte, bereits den Kaffee gekocht haben.

Obwohl sie sich nicht verabredet hatten, legte jeder von ihnen Dienstwaffe und Handy griffbereit neben das Kopfende. Nahezu zeitgleich zogen sie die Reißverschlüsse ihrer Schlafsäcke zu.

Im Nu waren beide eingeschlafen.

Doch die Nachtruhe sollte nicht lange währen.

❖

Als Maike zu sich kam, fand sie sich aufrecht im Bett sitzend. Anscheinend von einem Geräusch aufgeweckt, musste sie sich erst einmal orientieren, wo sie sich überhaupt befand.

Sie lauschte. Es war totenstill. Selbst Mendelskis verhaltenes Schnarchen drang nicht durch die Tür. Trotzdem war sie sich sicher, dass sie irgend ein Geräusch geweckt hatte. Nur was für eins, das wusste sie nicht.

Sie nahm das Handy zur Hand. Es war zwei Minuten nach Mitternacht. »Geisterstunde!«, murmelte sie. »Menno ... ich werd' hier noch paranoid ...«

Im gleichen Augenblick hörte sie ein Kratzen, direkt neben sich in der Hüttenwand. Es klang so, als ob jemand draußen an den Verschalbrettern mit einem Gegenstand schaben würde.

Erschrocken wich sie zur Seite, beinahe wäre sie aus dem Bett gefallen. Das Smartphone glitt ihr aus der Hand und landete laut polternd auf den Dielenboden.

Das Kratzen verstummte schlagartig.

Den Atem anhaltend schälte sie sich aus dem Schlafsack und stand auf. In völliger Finsternis ertastete sie ihr Handy, hob es auf und drückte eine Taste. Im matten Schein der Displaybeleuchtung schlich sie auf Zehenspitzen zur Tür. Behutsam drückte sie die Klinke hinunter und schob die Tür auf.

Sie erschrak erneut.

Ihr gegenüber stand eine schemenhafte Gestalt, keine Armlänge entfernt, in völliger Finsternis. Reflexartig leuchtete sie mit dem Display auf ihr Gegenüber.

Erleichtert atmete sie aus. Es war Mendelski. Mit zerzaustem Haar, nur mit T-Shirt und Boxershorts bekleidet. In der rechten Hand hielt er seine Dienstpistole.

»Mach's Licht aus«, zischte er.

»Was is'n los?«, flüsterte sie, nachdem sie ihr Handy ausgeschaltet hatte. Das Display der Uhr im Herd blieb die einzige künstliche Lichtquelle in der Hütte.

»Da draußen ist wer.« Mendelski machte einen Schritt in Richtung Fenster.

»Etwa das SEK?«, fragte Maike. »Dann sollten wir in der Hütte schnell das Licht ...«

»Nein, warte«, unterbrach er sie. »Und wenn es der Sperber ist? Kein Risiko. Ich mach' die Außenbeleuchtung an. Dann sehen wir weiter.«

»Ich hol' erst meine Waffe ... «, sagte sie noch.

Doch er war schon zur Tür geeilt und tastete nach dem Lichtschalter. Einen Moment später flammten zwei lichtstarke LED-Außenstrahler auf, jeweils vor und hinter der Hütte.

Sie traten an den Rand eines Fensters und lugten vorsichtig hinaus.

Ein dumpfes Poltern ließ sie zusammenfahren. Es kam von der Veranda.

»Da!«, rief Mendelski. Er deutete auf die Holztreppe. Maike reckte sich, um etwas zu sehen.

»Da haben wir unseren Übeltäter!«

Um sich von dem Schreck zu erholen, genehmigten sie sich jeder eine weitere Flasche Bier. Die drei Teelichter in den Eierbechern flackerten wieder vor sich hin, die Außenbeleuchtung hatte Mendelski ausgeschaltet.

»Erzähl das bloß niemandem, erst recht nicht den Kollegen in Celle«, frotzelte Maike. »Die lachen sich kaputt. Wir machen hier voll die Profis ... also nee ... so was von peinlich ...«

»Ach komm.« Mendelski winkte ab. »Wir erzählen am besten, dass ein Bär versucht hat, unsere Hütte zu stürmen. Das entspricht sogar der Wahrheit – und macht doch durchaus Eindruck, oder?«

»Okay, gute Idee. Wir unterschlagen auch nur das Wörtchen ›Wasch‹.« Maike grinste breit »Bär ist Bär.« Gut gelaunt prosteten sie sich zu.

»Neulich ist bei uns in Boye eine vierköpfige Waschbärfamilie gesichtet worden. Beim Plündern einer Mülltonne. Am helllichten Tage. Diese kleinen Räuber aus Übersee verbreiten sich rasant.«

»Dass die nicht von hier sind, weiß ich ja. Aber wo kommen die her?«

»Aus Nordamerika ...«

Und Mendelski erzählte. Von den vielen unerwünschten tierischen Einwanderern, die nach Deutschland kamen. Von Marderhunden, Nutria, Bisamratten, Nilgänsen und so weiter. Sogenannten Neozoen, die den heimischen Wildarten die Biotope streitig machten.

Erst gegen eins legen sie sich wieder hin. Dieses Mal ließen sie die Zwischentür geöffnet. Aus ihren Schlafsäcken heraus unterhielten sie sich noch eine Weile, bis sie endlich einschliefen.

Keine Stunde später. Ein mächtiger Knall hatte beide geweckt, so dass sie senkrecht in den Betten saßen. Ein kurzer, scharfer Donner. Sekunden später prasselte ein Hagelschauer lautstark aufs Hüttendach.

»Oh nee!«, schimpfte Maike. »Nicht schon wieder. So wird das nichts mehr mit Schlafen.«

»Hast du was gesagt?«, brüllte Mendelski zurück.

Maike pellte sich aus ihrem Schlafsack und tappte barfuß in den Nachbarraum. Das Handy leuchtete ihr den Weg. »Ist das ein neues Gewitter oder ist das erste zurück?«, fragte sie angefressen.

»Woher soll ich das wissen?«, knarzte Mendelski. Er hatte sich wieder hingelegt, auf die Seite gedreht und die Kapuze seines Schlafsacks über den Kopf gestülpt. »Frag doch deine Wetter-App.«

»Oh, der Herr ist bärbeißig ...«

Sie schaute aus einem der Fenster in die Nacht. Der Hagel ging in Regen über, der Wind drehte auf. Blitze zuckten im Minutentakt durchs Geäst der Bäume, deren Kronen zum Spielball der Windböen wurden.

»Ich mach draußen mal Licht an«, sagte Maike mehr oder weniger im Selbstgespräch. Sie war sich nicht sicher, ob Mendelski sie bei dem Lärm überhaupt hören konnte. »So ein Naturschauspiel sieht man nicht alle Tage.«

Maike staunte nicht schlecht. Im Schein der LED-Strahler zeigte der Gewittersturm eine geradezu spektakuläre Wirkung. Einige Bäume beugten sich unter der Wind- und Regenlast flitzebogengleich fast bis zum Boden. Blätter, Nadeln und Zweige wirbelten waagerecht durch die Luft, armdicke Äste brachen wie Streichhölzer. Dazu heulte und blies der Wind um die Ecken und Kanten der Jagdhütte.

»Das musst du dir angucken«, rief Maike. »Da draußen geht gerade die Welt unter.«

Doch Mendelski reagierte nur mit einem müden Knurren. Es klang wie »Lass mich doch endlich schlafen« oder so ähnlich.

Im nächsten Moment ging das Licht aus.

»Hey, was ist das?«, rief Maike. Zunächst nahm sie an, unbeabsichtigt an den Schalter gekommen zu sein. Doch obwohl sie mehrmals an und aus schaltete, blieb es draußen dunkel.

»Robert«, rief sie. »Ich glaub', wir haben ein neues Problem.«

»Och nee!« Mendelski klang verärgert. »Was ist denn jetzt schon wieder?«

»Sieht aus wie 'n Stromausfall.« Im Schein der Handylampe ging sie zur Küchenzeile hinüber. »Die Uhr am Herd ist auch aus.« Sie öffnete den Kühlschrank, doch darin blieb es dunkel. »Auch tot. Na prima. Weißt du, wo der Sicherungskasten ist?«

Endlich richtete Mendelski sich auf. »Gleich neben dir, in der Besenkammer«, brummte er, während er mit dem hakenden Reißverschluss seines Schlafsacks kämpfte.

Maike trat in die Besenkammer und öffnete den metallenen Wandschrank mit den Sicherungen.

»Das sieht alles okay aus, keine einzige ist rausgesprungen«, rief sie und klappte den Schrank wieder zu.

»Vielleicht hat irgendwo ein Blitz eingeschlagen«, krächzte Mendelski. Er hatte sich inzwischen aus seinem Schlafsack befreit und suchte sein Handy. »Oder die Freileitung ist kaputt. Weil ein Ast oder Baum drauf gefallen ist«, mutmaßte er.

»Was?« Maike wunderte sich. »Ist das Stromkabel nicht unterirdisch?«

»Nee, nee.« Mendelski verzog das Gesicht zu einem müden Lächeln. »Hier im Wald ist alles noch ein wenig altertümlich.«

»Prima. Also kompletter Blackout.« Maike rieb sich fröstelnd die Unterarme. »Kein Netz für Telefon und Internet, und dann auch Stromausfall. Mannomann! Jetzt fehlt wirklich nur noch der Sperber.«

Gegen halb drei war auch das zweite Gewitter abgezogen, und sie versuchten noch einmal, eine Runde zu schlafen. Da der Stromausfall anhielt, vermutete Mendelski, dass das Problem in der Nähe, also im Wald, seine Ursache hatte. Dort, wo längs des Weges die Stromleitung oberirdisch verlief.

»Bis der Schaden behoben ist, das kann dauern«, sagte er. »Wir sollten nach dem Morgenansitz mal die Leitung kontrollieren.«

»Als ob wir das dann reparieren könnten ...« Maike zog ein griesgrämiges Gesicht, dann gähnte sie laut. »Lass uns doch die Jagd von morgen früh auf Sonntag verschieben«, nörgelte sie. »Bis fünf sind's nur noch zweieinhalb Stunden. Ich brauche meinen Schlaf.«

»Nichts da!« Mendelski reagierte ungehalten. »Du kannst dich ja hinterher wieder hinlegen und schlafen, meinetwegen für den Rest des Tages. Aber bitte nicht morgen früh. Du wirst sehen, nach dem vielen Regen und der Abkühlung ist das Wild wie aufgedreht. Die Bühne wird voll sein.«

Ohne zu antworten, zog sich Maike mit einem langen, mitleidheischenden Seufzer in ihr Zimmer zurück.

Wie viele Menschen verschlafen, weil sie den Wecker ihres Smartphones falsch gestellt haben, wäre wert, erforscht zu werden. Auch Mendelski hatte es schon öfter geschafft, mal den falschen Tag, mal die falsche Zeit einzustellen. Oder er deaktivierte den Wecker ungewollt mit einem fahrlässigen Fingerwisch über das Display.

In jener Nacht jedenfalls verstrich die geplante Weckzeit von 4.45 Uhr, ohne dass sich das Smartphone auf dem Couchtisch neben dem Schlafsofa rührte. Vergraben in seinem Mumienschlafsack schnarchte Mendelski friedlich vor sich hin. Auch im Schlafraum nebenan blieb es still, denn Maike schlummerte ebenfalls tief und fest.

Draußen wurde es langsam hell, die Vögel stimmten ihr Morgenkonzert an. Kurz vor sechs ging die Sonne auf, durch die kleinen Fenster flutete mehr und mehr das Tageslicht. Es wurde sieben, es wurde acht, doch in der Hütte tat sich nichts. Die beiden Möchtegernjäger schliefen – endlich ungestört. Vielleicht war die vergangene Nacht zu nervenaufreibend, zu anstrengend gewesen. So bekamen sie nicht mit, dass sich ein Auto der Jagdhütte näherte.

Ein schwarzer Landrover Defender rollte forsch über den Waldweg, den das nächtliche Unwetter mit abgerissenen Ästen und Zweigen übersät hatte.

In dem Geländewagen saß lediglich eine Person. Ein Mann mittleren Alters, schlank, sportlich gekleidet, Dreitagebart, Sonnenbrille, die Schirmmütze tief ins Gesicht gezogen. Den Fahrer lotste ein Navigationsgerät, das auch kleinste befahrbare Wege berücksichtigte. Der Landrover war trotz der widrigen Umstände zügig unterwegs. Der Fahrer kannte scheinbar keine Berührungsängste mit meterlangen Wasserpfützen und sperrigem Geäst auf der Fahrbahn. Nur einmal stoppte er kurz, um eine abgeknickte Birkenkrone zu umfahren, die auf die Freileitung neben dem Weg gefallen war. Der Fahrer registrierte das abgerissene Kabel, das bis auf den Boden reichte, setzte seine Fahrt aber fort.

Kurz vor Erreichen der Jagdhütte ging es nicht mehr weiter. Zwei Sitkafichten lagen quer auf dem Weg, davor musste sogar der geländegängige Landrover kapitulieren. Der Wagen stoppte, der Fahrer stieg aus.

Die Hütte war bereits in Sichtweite, also beschloss er, den Rest des Weges zu Fuß zurückzulegen.

Mit kräftigem Schwung schlug er die Autotür zu. Bevor er losmarschierte, stellte er sich an einen Baum, um zu pinkeln.

Instinktiv griff Mendelski nach seiner Waffe. Er brauchte nur einen Moment, um sich zu orientieren, dann war er hellwach.

Das Zuschlagen einer Autotür hatte ihn geweckt.

»Maike!«, raunte er Richtung Nachbarzimmer, nachdem er sich aufgesetzt hatte. »Maike, wach auf!«

Nichts rührte sich.

Kurzentschlossen nahm er das nächstbeste Sofakissen und schleuderte es durch die geöffnete Tür auf Maikes Bett.

Der Schlafsack regte sich, das Gesicht seiner Kollegin wurde sichtbar.

»Hey, was soll das?« Maike klang nicht erfreut.

»Da draußen ist jemand. Habe eine Autotür klappen hören.«

Sie waren beide zu lange bei der Polizei, um in so einer Situation nicht angemessen zu handeln. In Sekundenschnelle war Maike auf den Beinen und schnappte sich ihre Waffe.

Da sich Mendelski im Hauptraum befand, war es seine Aufgabe, sich vorsichtig dem Fenster zur Veranda zu nähern. Maike blieb im Schlafzimmer, wo es ein Fenster zur Rückfront gab.

Ab jetzt wurde nicht mehr gesprochen. Routiniert verständigten sie sich mit Handzeichen und Gesten. Vorsichtig nach draußen lugend, suchten sie Rückendeckung an den Wänden, hielten untereinander Sichtkontakt -- und ihre Pistolen schussbereit in den Händen.

Es bedurfte keiner großen Anstrengung, den Mann zu entdecken, der da schnurstracks und anscheinend unbekümmert auf die Hütte zugelaufen kam.

Mendelski kniff die Augen zusammen, doch ohne die Brille, die auf dem Couchtisch lag, konnte er den Mann nicht scharf sehen. Außerdem blendete ihn die noch tiefstehende Sonne. Er registrierte Schirmmütze und Sonnenbrille, mehr nicht. Die Konturen des Mannes nahm er nur schemenhaft wahr.

Mendelski winkte Maike zu sich. Es ging darum, die Hütteneingangstür von beiden Seiten zu sichern.

Kaum hatte sich Maike mit in Kopfhöhe gehaltener Pistole auf der anderen Seite der Tür postiert, hörten sie etwas.
Ein Rufen.

Jemand rief ihre Namen.
»Robert! – Maike! – Seid ihr da drin?«
Die Stimme kannten sie.
»Nee!«, entfuhr es Maike. »Hallo? Das darf doch nicht wahr sein!«
Beherzt riss Mendelski die Hüttentür auf, Maike und er traten auf die Veranda hinaus.
»Was machst du denn hier?«, empfing Maike den unerwarteten Besucher. Die Dienstwaffe hielt sie immer noch in der Hand. »Um ein Haar hätten wir dich umgenietet.«
»Wie wär's erst mal mit einem freundlichen ›Guten Morgen‹?«, entgegnete Jo Kleinschmidt mit einem entwaffnenden Lächeln. Der Kollege vom Fachkommissariat 1 gab Maike ein Begrüßungsküßchen auf die Wange, dann schüttelte er Mendelski die Hand.
»Ihr seht ja richtig schick aus«, flachste er. Er trat einen Schritt zurück und setzte seine Sonnenbrille ab, um seine beiden Gegenüber besser betrachten zu können.
Maike trug enge knielange Schlafleggings und ein schlabberndes Top, Mendelski bunte Boxershorts und ein T-Shirt mit aufgedrucktem Hirschgeweih. Beiden standen die Haare – wie vom Blitz getroffen – in alle vier Himmelsrichtungen.
»Kaum seid ihr ein paar Stunden in der Wildnis, da verrohen gleich die Sitten.«
»Mann, Jo!« Noch immer hantierte Maike mit ihrer Dienstwaffe. »Wenn du wüsstest, was für eine Nacht hinter uns liegt. – Aber komm erst mal rein. Ich mach uns 'nen Kaffee.«

»Du bist sicher nicht hier, um uns Brötchen und Zeitung zu bringen«, mutmaßte Robert Mendelski scharfsinnig, nachdem sie die Hütte betreten hatten. »Wer schickt dich? Steigenberger?«

»Genau. Ihr seid ja weder übers Telefon noch übers Internet zu erreichen. Also musste jemand raus zu euch.«

»Und da hast du die Arschkarte gezogen«, kommentierte Maike wenig damenhaft.

»Nicht wirklich. Weil ich heute sowieso nach Uelzen zu einem Off-Road-Treffen fahre, bot sich das an.«

Mendelski runzelte die Stirn. »Dann kommst du nicht als Verstärkung, sondern hast Neuigkeiten.«

»Genau. Von Sperber.«

»Und?« Maike und Mendelski stand die Neugier ins Gesicht geschrieben.

»Sie haben ihn. Die belgischen Kollegen haben ihn am Hafen von Antwerpen geschnappt. Gestern Abend schon.«

»Was?«, prustete Maike los. »Ich fass es nicht. Dann war die ganze Aufregung letzte Nacht für die Katz?«

»Sorry.« Jo Kleinschmidt zog bedauernd die Schultern hoch. »Aber wir konnten euch nicht eher erreichen.«

»Okay!« Mendelski atmete erleichtert aus. »Das sind gute Nachrichten, trotz alledem.«

Nach dem Frühstück – Jo Kleinschmidt war längst wieder gefahren – kümmerten sie sich um die beiden Sitkafichten, die der Sturm an der Einfahrt zur Hütte umgeworfen hatte.

»Die müssen wir zersägen«, meinte Mendelski. »Sonst kommen wir hier nicht weg.«

Im Holzschuppen fanden sie Bügelsäge und Beil, doch beides war stumpf und rostig. Hinzu kam, dass sie vom Bäumefällen so gut wie keine Ahnung hatten. Entsprechend lange brauchten sie, bis die beiden Bäumchen in tragbare Stücke zerlegt und beiseite geschafft waren. Erschöpft ließen sie sich auf den Stufen der Verandatreppe nieder.

In Maike keimte der Wunsch auf, eventuell schon heute zurück nach Celle zu fahren. Zurück in die Zivilisation.

»Jetzt, wo Sperber gefasst ist, können wir doch eigentlich wieder nach Hause zurück«, schlug sie vor. Sie rieb ihre rechte Hand, an der sich eine Blase gebildet hatte. »Du weißt doch, ursprünglich wollten wir sowieso nur eine Nacht bleiben.«

»Nix da.« Mendelski machte auf unnachgiebig. »Jetzt sind wir einmal hier und das sollten wir auch nutzen. Wir bleiben noch eine Nacht und gehen heute Abend schön auf Ansitz. Basta.«

Doch so leicht gab sich Maike nicht geschlagen. »Es ist aber deine Schuld«, konterte sie. »Hättest du heute morgen nicht verschlafen ... dann hätten wir garantiert einen Super-Anblick gehabt. Nach dem vielen Regen ... Deine Worte ...«

»Hätte, hätte, Fahrradkette«, äffte er sie nach. Aufgekratzt erhob er sich. »Los komm, am besten gehen wir zusätzlich auf Mittagsansitz, jetzt gleich.«

»Bitte? Mitten am Tag? Ich dachte, Rehe sind nachtaktiv.«

»So'n Blödsinn!« Er stapfte die Stufen hinauf. »Schon gar nicht in der Blattzeit. Da spielen die Böcke verrückt.«

»Nicht nur die Böcke ...«, seufzte sie.

# Frozen Fox

Sandra Ehlers reichte ihrem Mann den Brötchenkorb. »Jetzt sind es nur noch sechs Tage bis zu deinem 30. Geburtstag, und ich habe immer noch keinen Wunschzettel von dir.«

»Bin halt wunschlos glücklich«, erwiderte Daniel Ehlers augenzwinkernd zwischen zwei Schlucken aus seiner Kaffeetasse.

Doch sie ließ nicht locker: »Als Jungjäger brauchst du doch bestimmt noch irgendetwas für die Jagd.«

»Natürlich. Aber das besorge ich mir lieber selbst.« Er schaute aus dem Küchenfenster. »Für heute wünsche ich mir Kaiserwetter und guten Anlauf. Hase und Fuchs fehlen mir noch in meiner Sammlung. Wenn das mit einem Rotrock endlich klappen würde, wäre das mein schönstes Geburtstagsgeschenk.«

»Ihr Jäger ...«, seufzte Sandra Ehlers resigniert. »Na, dann Waidmannsheil!«

An jenem Mittwoch Anfang Januar hatte es in Kleinburgwedel nachts den ersten nennenswerten Frost dieses Winter gegeben. Die Wettervorhersage verhieß knackigen Dauerfrost. Schon bald sollte die dichte Nebelbrühe einem wolkenlosen Himmel und eitel Sonnenschein weichen. Eigentlich ein idealer Jagdtag.

Heute ging es ausnahmsweise nicht auf Hochwild, sondern auf Hasen und Füchse, auf Niederwild. Eine klassische Treibjagd halt, so wie früher. Von den unzähligen Drückjagden auf Sauen im Herbst – hinzu kamen die bei den meisten ungeliebten Maisjagden – hatte Daniel Ehlers die Nase voll.

Für den Jungbauern war es die erste Treibjagd dieser Art. Zumindest als Schütze. Als jugendlicher Treiber war er vor vielen Jahren einige Male mitgelaufen. Im letzten Mai hatte er nun endlich die Jagdscheinprüfung absolviert und war seitdem ein eifriger Jäger. Seine ersten beiden Rehe, Schmalreh und Bock, hatte er bereits wenige Tage nach Lösung des Jagdscheins gestreckt. Im Spätsommer folgten zwei Sauen, zwei Überläuferkeiler bei nächtlichen Ansitzen, im Herbst dann ein Rotwildkalb und Flugwild wie Tauben und Enten.

Für sein erstes Jagdjahr konnte Daniel Ehlers bereits eine beachtliche Strecke vorweisen. Für Hase und Fuchs jedoch war noch kein Eintrag in seinem Schussbuch erfolgt.

Treffen war um 10.00 Uhr auf der üblichen Waldwegekreuzung in der Nähe vom Heidewinkel. Schon von weitem sah man die Autos, bunte Jagdjacken und Kappen in der Morgensonne blitzen. Ein kleines Begrüßungsfeuer loderte, Treiber schnitzen sich noch rasch einen Stock, Hunde kläfften vor Aufregung und Jagdfieber.

Nach dem Jagdhornblasen zur Begrüßung, gefolgt von einer kurzen Ansprache des Jagdherrn, ging es los. Zu Fuß. Das erste Treiben, ein klassisches Kesseltreiben, lag in unmittelbarer Nähe zum Sammelplatz. Es ging durch kniehohen Senf, über Maisstoppeln und blanken, hartgefrorenen Acker.

Eine dreiviertel Stunde später lagen am Wegesrand drei Hasen und ein kapitaler Gockel. Letzteren hatte niemand auf dem Zettel gehabt, obschon bekannt war, dass es in der Nachbarjagd Fasane gab.

Daniel Ehlers war nicht zu Schuss gekommen, trotzdem genoss er den herrlichen Jagdtag. Dazu trug auch seine treue Begleiterin bei, die eine hervorragende Arbeit ablieferte. Motte, eine Deutsch-Drahthaarhündin, hatte den Fasanenhahn in einem Schilfstreifen mustergültig vorgestanden, so dass der Schütze sich optimal postieren konnte.

Eine ganz normale Treibjagd, so schien es. Doch zu diesem Zeitpunkt ahnte der Jungbauer nicht, dass ihm der Tag noch einige Aufregung bescheren würde.

Auch zum zweiten Treiben ging es zu Fuß. Nur die sechs Vorstehschützen fuhren mit ihren Fahrzeugen. Die Wiesen, die Birken- und Erlenbruchwälder östlich vom Würmsee waren das Ziel. Dieses Mal gab es kein Kessel-, sondern ein Vorstehtreiben, ausgehend von der L381, der Landstraße zwischen Großburgwedel und Fuhrberg, in Richtung Westen.

Als lauffreudiger Jungjäger wurde Daniel Ehlers der Treiberwehr zugeteilt, während die Vorstehschützen ausnahmslos aus alten Hasen oder fußlahmen Waidmännern bestanden. Er hatte gerade den Stacheldrahtzaun überklettert, seine Waffe geladen und Motte neben sich postiert, als ihn wildes Autohupen aufschreckte.

Hinter ihm auf der L381, keine zehn Meter entfernt, fuhr im Schritttempo ein knallroter Renault Kangoo vorbei. Die Fahrerin, eine junge Frau mit langen dunklen Haaren und Stirnband, drückte permanent auf die Hupe. Sie hatte die Seitenscheibe herunter gekurbelt und rief aufgebracht in Richtung Treiberwehr: »Lasst die armen Tiere in Ruhe. Ihr solltet euch was schämen!«

»Mörderpack!«, brüllte der Mann vom Beifahrersitz. Er trug eine lilafarbene Wollmütze.

Fassungslos schüttelte Daniel Ehlers den Kopf, die Treiber rechts und links neben ihm guckten konsterniert. Solche unverschämten Anfeindungen hatten sie noch nicht erlebt.

In diesem Moment wurde das Treiben angeblasen. Langsam setzte sich die Treiberwehr in Bewegung.

Noch in Gedanken bei den Störenfrieden bemerkte Daniel Ehlers den Fuchs ziemlich spät. Meister Reinecke suchte Deckung an den einzelnen Erlen, die einen Graben säumten, und schnürte direkt auf ihn zu.

Den müssen die Vorstehschützen auf die Läufe gebracht haben, mutmaßte der Jungjäger. Er blieb hinter einem Baum stehen und backte an. Deutlich war zu erkennen, dass es sich um einen starken Fuchsrüden handelte. Dessen prächtiger Winterbalg leuchtete weithin sichtbar in der Sonne.

War es die Aufregung über die vorherige Störung, seine Unerfahrenheit, war es die Angst, der Fuchs würde ihn entdecken, oder ganz einfach das Jagdfieber, kurz: Daniel Ehlers schoss zu früh.

Der Fuchs zeichnete zwar, blieb aber auf den Läufen. Mit krummen Rücken machte er kehrt und schnürte den Weg zurück, den er gekommen war. Der zweite Schuss streifte allenfalls seine Lunte.

»Mist!«, entfuhr es dem Schützen. Rasch hatte er den Fuchs aus den Augen verloren. Er lud seine Waffe neu, dann hielt er Ausschau nach Motte.

Rechts und links von ihm fielen Schüsse. Zwei Hasen purzelten, Motte und die anderen Hunde bekamen zu tun. Der kranke Fuchs hatte Dusel. Vorerst.

Zehn Minuten später, das Treiben war fast durch, gesellte sich Motte wieder zu ihrem Herrn. Daniel Ehlers stand in Rufentfernung zu dem Weg, auf dem die Vorstehschützen standen, als jemand rief: »Dort, in den Braken! Da ist der Fuchs rein.«

Ein Vorstehschütze auf dem Feldweg war aus der Deckung getreten und deutete mit dem Flintenlauf auf einen mannshohen Reisighaufen am Rande eines Wäldchens. Daniel Ehlers erkannte seinen Jagdfreund Frido Heinemann an seiner hageren Statur und an seiner schnarrenden Stimme. »Ein starker Rüde?«, fragte der Jungjäger.

»Ja. Kam krank hier an. Los, schick deinen Hund rein!«

Motte reagierte schneller als ihr Herrchen. Schon hatte sie den Brakenhaufen umschlagen und Wind geholt. Sie zeichnete deutlich. Mit aufgestelltem Nackenhaar und vor Aufregung bebend wollte sie gerade in das Geäst eintauchen, als direkt neben ihr der Fuchs hervorschoss. Den rechten Vorderlauf leicht schonend war er flink unterwegs und nahm direkt Kurs auf den Weg.

Keine Chance für Daniel Ehlers, einen Schuss anzubringen. Ohne Frage hätte er Frido Heinemann gefährdet – und seine Hündin. Denn Motte war dem Rotrock dicht auf den Fersen.

Zu dicht.

Das ungleiche Gespann überquerte den Feldweg, Motte unmittelbar an des Fuchses Lunte. Frido Heinemann stand zwar in bester Schussposition, konnte aber ebenfalls nicht schießen. Er fluchte wie ein Rohrspatz.

Im dichten Strauchwerk, das sich links und rechts des Weges erstreckte, verlor Daniel Ehlers Fuchs und Hund aus den Augen. An der nächstbesten Stelle kletterte er hastig über den Stacheldrahtzaun und schlug sich in die Büsche. Gefrorene Birkenzweige klatschten ihm ins Gesicht, Brombeerdornen stachen in seine Hände.

Als er endlich wieder auf den Weg trat, tauchte Frido Heinemann neben ihm auf. Der keuchte: »Der Hund war zu dicht dran, hatte keine Chance zu schießen.«

»Wo sind sie hin?«

»Da rüber in die Moorkuhlen.«

Jenseits des Weges erstreckte sich sumpfiges Gebiet. Schmale Dämme, junge Birkenhorste und vom Raureif überzuckerte Grasbulte unterbrachen ein Flachgewässer. Durch den starken Frost in der letzten Nacht war es komplett zugefroren.

»Sieht aus, als hätte das Eis den Fuchs getragen«, erklärte Frido Heinemann. »Aber deine Motte ist immer wieder eingebrochen. Sonst hätte sie den Burschen sicher geschnappt.«

»Zum Glück sind die Tümpel hier ziemlich flach.« Daniel Ehlers sog erleichtert die Luft ein. »Aber Motte ist weiter hinter ihm her. Sind die rüber in den Wald?« Er deutete auf den im Norden angrenzenden Kiefernwald.

Frido Heinemann schüttelte den Kopf. »Nein, sind links abgebogen. Richtung Würmsee ...«

In diesem Moment ertönte das Jagdhorn-Signal ›Hahn in Ruh‹. Jäger, Treiber und Hunde machten sich auf den Weg zum Sammelplatz.

»Ich schau mal kurz nach Motte«, sagte Daniel Ehlers, als er die entgegengesetzte Richtung einschlug. »Komme gleich nach.«

»Ich geh besser mit«, erklärte Frido Heinemann, während er seine Flinte schulterte. »Vier Augen sehen mehr als zwei ...«

Die beiden Männer hatten erst wenige Schritte zurückgelegt, als keine fünfzig Meter vor ihnen ein Hund auf dem Weg auftauchte.

»Da ist ja Motte«, rief Daniel Ehlers. Erleichtert pfiff er seinen Hund herbei.

»Klitschnass, deine Hündin«, stellte sein Begleiter fest. Dann verfinsterte sich sein Blick. »Und sie schweißt an den Läufen.«

»Ach du meine Güte.« Daniel Ehlers bückte sich. »An allen vier Läufen. Das ist ja seltsam.«

»Das wird vom Eis sein. Ist besser, wenn du sie gleich zum Tierarzt bringst.«

Gesagt, getan. Schweren Herzens brach Daniel Ehlers die Jagd ab und fuhr zum Tierarzt nach Großburgwedel. Der gab rasch Entwarnung, denn die Verletzungen waren nur oberflächlich. Nachdem der Arzt die Wunden versorgt hatte, brachte der fürsorgliche Hundehalter seine Hündin nach Hause.

Rechtzeitig zum Streckelegen war er wieder draußen im Revier. Nach drei Treiben lagen neun Hasen und ein Fasan penibel aufgereiht auf dem Streckenplatz. Ein Rotrock war bedauernswerterweise nicht dabei.

»Wir sollten noch mal nach deinem Fuchs schauen«, schlug Frido Heinemann vor, nachdem die Strecke verblasen worden war. »Noch haben wir Licht. Ich organisier 'nen Hund.«

Doch die Nachsuche mit einem Kleinen Münsterländer blieb erfolglos. Bei Einbruch der Dämmerung standen die beiden Jäger am Ufer des Würmsees, wo sie geborstenes Eis und jede Menge Schweiß fanden. Das Blut zuzuordnen war allerdings schwer. Es konnte auch von Motte stammen.

»Der schlaue Fuchs wird übers Eis entkommen sein«, vermutete Frido Heinemann. »Ihn trug es anscheinend so gerade, doch für Motte war es zu dünn.«

Aber Daniel Ehlers gab sich nicht geschlagen. »Für heute ist es zu spät«, sagte er. »Gleich morgen früh laufe ich das komplette Ufer ab. Vielleicht hab' ich Glück und finde die Stelle, wo der Fuchs raus ist.«

Für den nächsten Morgen standen eigentlich andere Dinge auf der Agenda von Daniel Ehlers als eine Nachsuche. Schließlich blieben nur wenige Tage bis zur großen Geburtstagsparty. Seine Frau Sandra hatte ihm etliche Dinge aufgetragen, doch die mussten warten. Der krankgeschossene Fuchs hatte Vorrang. Haus und Hof auf Vordermann bringen und die bestellten Getränke abholen – das konnte er auch noch später machen.

Es war eine sehr kalte Nacht gewesen. Das Thermometer am Haus zeigte morgens um 8.00 Uhr noch minus 12 Grad an. Draußen im Revier war es bestimmt einige Grade kälter.

Nachdem er Mottes Läufe neu verbunden und mit wasserfestem Tape umwickelt hatte, brachen Herr und Hund auf. Trotz des herrlichen Wetters – die Sonne schob sich gerade über die Baumwipfel des östlich gelegenen Trunnenmoores – war der Parkplatz am Würmsee verwaist. Bei der Umrundung des vier Hektar großen Gewässers traf das Gespann lediglich einen einsamen Jogger und den Wirt der Gaststätte am See. Einen Fuchs hatte der aber nicht gesehen.

Auch die Kontrolle des Uferbereichs brachte nichts ein. Zwei Stunden lang krochen sie durchs Schilf, untersuchten mit Raureif schneeweiß getünchte Grasbüschel und schlugen sich durch Astwerk und hartgefrorenes Laub.

Aufs Eis, das in der letzen Nacht deutlich fester geworden war, trauten sich beide noch nicht. Vor allem Motte hatte wegen der schlechten Erfahrungen vom Vortag einen Heidenrespekt vor dem gefrorenen Tümpel. Frustriert kehrten sie nach Kleinburgwedel zurück.

In der folgenden Nacht wurde es noch kälter. Minus 15 Grad. Das bevorstehende Wochenende sollte sehr frostig werden.

Kurz vor Mittag – Daniel Ehlers kontrollierte gerade die Wasserleitungen im Stall – kam der Anruf übers Handy. Der Wirt von der Gaststätte am Würmsee, den er gestern getroffen hatte, rief an und berichtete, dass Schlittschuhläufer ein totes Tier gefunden hätten, festgefroren mitten auf dem See. Den Beschreibungen nach könnte es sich um einen Fuchs handeln.

Kurz darauf saßen Motte und ihr Herrchen im Geländewagen und rasten los. Sie brauchten nicht in der Gastwirtschaft nachzufragen, schon vom Parkplatz aus sahen sie die Menschentraube mitten auf dem See. Dieses Mal begaben sich Jäger und

Hund ohne Scheu aufs Eis. Wenige Minuten und ein paar Ausrutscher später erreichten sie die Stelle.

»Der blinzelt ja noch«, rief einer der Jungen. Er hatte sich hingehockt, um besser sehen zu können. Mit der behandschuhten Rechten wischte er übers Eis.

Einige der Umstehenden lachten.

»Der blinzelt doch schon lange nicht mehr«, erwiderte ein Mann, der anscheinend der Vater des Jungen war. Beide trugen Schlittschuhe und gleichfarbige Eishockeytrikots. »Der ist schon Tage tot.«

Erst jetzt wurde Daniel Ehlers klar, dass es sich nicht um einen oberflächlich festgefrorenen, sondern um einen unter der Eisdecke feststeckenden Tierkadaver handelte.

»Entschuldigen Sie bitte«, bat er, nachdem er Motte abgelegt hatte. Er ging neben dem Jungen auf die Knie. »Darf ich mal ...« Bereitwillig wurde ihm Platz gemacht.

Unter ihm, gut zehn Zentimeter unter der Oberfläche, steckte der Fuchs im Eis: das Haupt nach oben gestreckt, eine Gehörspitze leicht abgeknickt. Der lang gestreckte Rücken, den ein ausgeprägter Aalstrich zierte, mündete in der prächtigen Lunte.

Kein Zweifel, was da im Eis steckte, war der starke Rüde, den er vor zwei Tagen keine dreihundert Meter von hier entfernt krank geschossen hatte.

»Sind Sie der Förster?«, fragte ihn ein Mädchen, dessen Haarpracht unter einer überdimensionierten Pudelmütze steckte.

»So etwas Ähnliches«, antwortete Daniel Ehlers. »Ein Jäger.«

»Füchse sind doch eigentlich schlau«, hakte das Mädchen nach. »Wie konnte so was passieren?«

Daniel Ehlers fühlte sich gar nicht wohl in seiner Haut. »Wahrscheinlich ...« antwortete er, während er sich erhob. »Wahrscheinlich hat er die Tragfähigkeit des Eises überschätzt, ist eingebrochen und dann ertrunken.«

»Und was passiert jetzt mit dem Fuchs?«, wollte der Junge im Eishockey-Dress wissen.

Der Jungjäger zuckte mit den Schultern. »Im Moment gar nichts. Wir werden wohl auf Tauwetter warten müssen.«

Beim Jäger-Stammtisch am Abend berichtete er von seinem Fund.

»Eingefroren – dann ist er ja gut konserviert«, meinte Frido Heinemann. »Wenn der Balg halbwegs heile ist, kannst du ihn streifen.«

Daniel Ehlers guckte skeptisch. »Bist du dir da sicher?«

»Na klar – oder sogar ausstopfen.«

»Das würde ich liebend gern tun«, frohlockte der Jungjäger. »Ist schließlich mein erster Fuchs.«

»Du musst nur zusehen, dass du ihn rechtzeitig an Land kriegst. Wenn es taut und er tagelang im Wasser liegt, vergammelt er dir ruck zuck.«

Daniel Ehlers zog die Stirn in Falten und grübelte. »Das ist gar nicht so einfach ...«

»Ach, das schaffst du schon.«

»Je eher ich ihn berge, desto besser.« Plötzlich schnipste er mit den Fingern. »Ich glaube, ich hab' da eine Idee.«

Als Daniel Ehlers am nächsten Morgen den Lokalteil der Zeitung aufschlug, traute er seinen Augen nicht.

›Fuchs im Eis‹ stand da in großen Lettern, ein Foto war auch dabei. Es zeigte den Jungen im Eishockeytrikot, wie er auf einen diffusen Fleck im Würmsee-Eis deutete. Nur mit sehr viel Fantasie war der Fuchs zu erkennen. Im launig geschriebenen Pressetext wurde das tragische Schicksal des Fuchses dazu genutzt, um auf die Gefahren eines frühzeitigen Betretens von Eisflächen hinzuweisen. Daniel Ehlers war heilfroh, dass die Treibjagd mit keinem Sterbenswörtchen erwähnt wurde.

»Das wird ja was geben«, prophezeite seine Frau. »Der Würmsee wird heute bestimmt einen Massenansturm erleben.«

»Dann werde ich meinen Plan wohl oder übel in die Abendstunden verschieben müssen«, seufzte ihr Mann.

»Wieso? Was hattest du denn vor?«

»Kein Kommentar«, grinste er verschmitzt. »Das wird nicht verraten.«

Weit im Westen waren noch Reste eines malerischen Abendrots zu erkennen, als Daniel Ehlers und Motte aufbrachen. Er wählte die Zufahrt von der Ostseite des Sees.

Kurz bevor sie das Ufer erreichten, schaltete er die Scheinwerfer aus und näherte sich im Schritttempo dem Ufer. Nachdem er angehalten und den Motor ausgeschaltet hatte, leuchtete er mit seinem Fernglas die Eisfläche ab.

»Verflucht!«, schimpfte er so laut, dass Motte zu knurren begann. »Da sind ja immer noch Leute.« Am gegenüber liegenden Ufer glitt eine Handvoll Schlittschuhläufer über das Eis. Zwanzig Minuten später waren auch die verschwunden, der Würmsee lag verwaist.

»Nichts wie los!« Daniel Ehlers stieg aus und öffnete die Heckklappe. Er belud einen Schlitten mit Spitzhacke und Motorsäge, setzte sich eine Stirnlampe auf und schulterte einen Rucksack. Danach ließ er Motte heraus.

Im hellen Schein des aufgehenden Mondes betraten sie das Eis und liefen zur Mitte des Sees. Erst hier schaltete Daniel Ehlers seine Stirnlampe ein.

Die Stelle, an welcher der Fuchs im Eis schlummerte, hätte er aber auch ohne künstliches Licht gefunden. Hatte dort doch jemand Schilfbüschel abgelegt – wie zu einem Kreuz. Daneben ein Plüschtier, ein Stoffhase mit großen Kulleraugen aus Glas – und ein stocksteif gefrorener Blumenstrauß.

»Oh Mann!«, stöhnte Daniel Ehlers auf. »Es wird Zeit, dass ich dem Zirkus ein Ende mache.«

Mit der Spitzhacke begann er, einen Ring um den Fuchs im Eis zu schlagen. Das ging nicht ohne Lärm von statten. So dauerte es gar nicht lange, bis sich am Ufer etwas tat. Im Bereich der Gastwirtschaft flackerten Taschenlampen auf, ihre Träger näherten sich rasch.

»Hey, was treiben Sie da?«

»Stopp! Sofort aufhören!«

Es waren der Wirt der Seegaststätte und ein Bekannter, die Daniel Ehlers zur Rede stellten.

»Das können Sie mir nicht antun«, stöhnte der Kneipier, als der Jungbauer sein Vorhaben erläutert hatte. »Bei aller Liebe, aber dieser Fuchs im Eis ist ein Geschenk des Himmels. Mein Geschäft lief heute wie lange nicht.«

Daniel Ehlers hielt dagegen. »Als Jäger und Waidmann muss ich den Fuchs bergen. Es handelt sich um jagdbares Wild.«

»Ja – gewiss doch, natürlich. Aber ... doch nicht heute. Und auch nicht morgen. Lassen Sie ihn noch ein paar Tage hier im Eis.« Der Wirt trat einen Schritt näher. »Mensch, Herr Ehlers, den Gefallen können Sie mir doch tun.«

Daniel Ehlers wurde schwach.

»Okay. Morgen, am Sonntag, meinetwegen noch. Aber am Montag hole ich ihn.«

»Abgemacht.« Der Wirt reichte ihm die Hand. »Danke.«

❖

Der Sonntag war ein Wintertag wie aus dem Bilderbuch. Azurblauer Himmel, gleißender Sonnenschein und eisiger Frost. Alles, was Beine hatte, war draußen in der freien Natur.

Daniel Ehlers verkniff es sich, zum Würmsee zu fahren. Da war bestimmt der Teufel los.

So blieb er daheim auf dem Hof. Es gab genug zu erledigen, in zwei Tagen sollte die Geburtstagsparty steigen.

Am späten Vormittag – der Jungbauer schmückte gerade die Diele mit Fichtengrün – kam Frido Heinemann vorbei: »Du kannst dir nicht vorstellen, was da los ist. Ich hab' noch nie so viele Leute auf dem See gesehen. Und der Wirt, dieses Schlitzohr, hat einen Glühweinstand aufgebaut. Auf'm Eis, direkt beim Fuchs. Und ein großes Schild hat er gemalt. ›Frozen Fox‹ steht da drauf. Das nenn ich geschäftstüchtig.«

»Frozen Fox ...? Nee ...!«

»Aber es kommt noch schlimmer. Für den Nachmittag hat sich ein Fernsehteam angemeldet. Irgend so 'n Privatsender. Eine Gruppe radikaler Tierschützer ist auch schon gesichtet worden. Wir können nur hoffen, dass der Spuk bald ein Ende hat.«

Daniel Ehlers kletterte verärgert von der Leiter. »Morgen ist Ende im Gelände«, rief er. »Dann hol ich mir den Fuchs.«

Am Montagmorgen, gleich nach dem Frühstück, wollte Daniel Ehlers aufbrechen, um den Fuchs zu bergen.

»Das kannst du auch nachmittags machen«, protestierte seine Frau. »Erst besorgst du die Zapfanlage und das Bier, dann die

Lichterketten von der Feuerwehr, und das Wildgulasch muss auch noch abgeholt werden.«

»Bitte?«

»Du hast schon richtig gehört.« Ihr Schmunzeln war vielsagend. »Eine Geburtstagsparty mit 60 Gästen geschieht nicht von allein ...«

Daniel Ehlers ließ sich nicht beirren. »Erst hole ich den Fuchs, dann sehen wir weiter.«

Doch als er versuchte, Hilfe zu organisieren, holte er sich eine Absage nach der anderen ab. Keiner seiner Bauernkollegen und Feuerwehrkameraden hatte angeblich Zeit.

»Seltsam, keiner will mir helfen«, beschwerte sich Daniel Ehlers bei seiner Frau.

»An einem normalen Arbeitstag haben die sicher Besseres zu tun«, warf Sandra Ehlers ein. »Nicht jeder kann seine Zeit so einteilen wie du ...«

»Dann mache ich das eben alleine«, erwiderte er trotzig.

Als Motte und er am Würmsee ankamen, lag dieser verlassen da. Keine Menschenseele war zu sehen. Von Schlittschuhkufen zerfurchtes Eis, achtlos weggeworfener Müll, verlorene Handschuhe und ein zerbrochener Schlitten zeugten vom Trubel des vorherigen Tages. Der Glühweinstand war auch noch da. Wie ein Geisterschiff ruhte er mitten auf dem zugefrorenen See. Ein zusammengeklappter Sonnenschirm samt Lichterkette erinnerte an Mast, Segel und Takelage.

Jäger und Hund diente die Bretterbude als Orientierung, dort musste der Fuchs im Eis ruhen. Die nötigen Gerätschaften hatte Daniel Ehlers erneut auf einen Schlitten geschnallt.

Sie hatten die Stelle noch nicht erreicht, da sahen sie die Bescherung. Dort, wo der Fuchs im Eis gesteckt hatte, klaffte nun ein tiefes Loch.

»Das gibt's doch gar nicht«, schnaufte Daniel Ehlers. Die feinsäuberlich mit einer Motorsäge herausgeschnittene Aushöhlung hatte sich bis zur Hälfte mit Wasser füllen können, bevor auch dies zu Eis erstarrt war. »Wer – in Herrgotts Namen – macht denn so was?«

Weder der Wirt noch Anwohner des Sees konnten ihm helfen. Niemand hatte angeblich etwas gehört oder gesehen. Für einen Moment hatte Daniel Ehlers den Kneipier in Verdacht, doch schließlich glaubte er dessen Beteuerungen: »Für mich ist das Verschwinden des Fuchses doch mindestens genauso bitter wie für Sie«, erklärte der Wirt.

Auch Frido Heinemann wusste keinen Rat. »Ach, schieß einfach einen anderen«, meinte er lapidar. »Füchse gibt es bei uns doch reichlich.«

»Was meinst du, soll ich zur Polizei gehen?«, fragte Daniel Ehlers seine Frau beim Mittagessen.

»Mach dich doch nicht lächerlich«, konterte sie. »Du willst ernsthaft den Diebstahl eines toten Fuchses anzeigen?«

»Genau das will ich. Vermutlich haben ihn diese vermeintlichen Tierschützer geklaut, um ...«

»... um den gefrorenen Meister Reineke auf dem Friedhof der Kuscheltiere feierlich zu bestatten«, vollendete sie seinen Satz. »Bitte Daniel, lass Fuchs Fuchs sein. Deine Party ist jetzt wohl wichtiger, oder?«

Spät am Abend, nachdem die Diele für die vielen Gäste vorbereitet, drei Heizgeräte vom Zeltverleiher abgeholt, die Zapfanlage angeschlossen und alles andere drumherum erledigt war, setzte sich Daniel Ehlers noch für einen Moment an seinen PC. Der verschwundene Fuchs ließ ihm einfach keine Ruhe.

Als er ›Fuchs im Eis‹ bei *Google* eingab, tauchte neben den Zeitungsberichten der hiesigen Presse auch die Geschichte und unzählige Fotos vom ›*Frozen Fox*‹ in Fridingen, Baden-Württemberg, auf. Dort hatte es ein Fuchs, der in die Donau eingebrochen und eingefroren war, zu weltweiter Berühmtheit gebracht. Neben den nationalen Printmedien druckte immerhin die *New York Times* das Foto vom Fuchs im Eisblock.

»Ach, so ist das also!« Daniel Ehlers pfiff durch die Zähne. »Da verspricht sich jemand, mit meinem Fuchs eine goldene Nase zu verdienen. Aber nicht mit mir, Freundchen!«

»Du wirst gar nichts«, wies ihn seine Frau am nächsten Morgen zurecht. »Hast du mal auf den Kalender geschaut? Wir feiern heute deinen 30. Geburtstag.«

»Aber ...«

»Nichts, aber! Der Partyservice kommt um 11.00 Uhr, die Deko muss fertig werden, und von der Musikanlage habe ich noch keinen Ton vernommen. Deswegen möchte ich ab sofort das Wort ›Fuchs‹ nicht mehr aus deinem Mund hören.«

Um 17.00 Uhr begannen die Geburtstagsfeierlichkeiten mit einem Sektempfang in der festlich geschmückten Diele. Während Sandra und Daniel Ehlers mit vielen Weggefährten auf das neue Lebensjahr anstießen, herrschte draußen auf dem Bauernhof plötzlich emsige Betriebsamkeit.

Ein landwirtschaftlicher Anhänger bewegte sich wie von Geisterhand. In geduckter Haltung huschten Gestalten über den beinhart gefrorenen Kies. Leise Rufe waren zu hören.

Motte begann, aus ihrem Zwinger heraus heftig Radau zu machen.

Eine Gestalt, die der schlaksigen Statur von Frido Heinemann zum Verwechseln ähnlich sah, warf ihr einen Knochen zu, dann war wieder Ruhe.

Kurz vor Eröffnung des Buffets wurde das Ehepaar Ehlers unter einem Vorwand auf den Hof gerufen. Dort versperrte ihnen ein zweiachsiger Anhänger den Weg. Jemand hatte ihn ohne Zugmaschine mitten auf dem Hof abgestellt.

»Nanu?«, wunderte sich Daniel Ehlers. »Wer hat denn da noch Krafttraining gemacht?«

Sandra Ehlers schwieg zunächst und machte ein vieldeutiges Gesicht. Wortlos zeigte sie auf die Ladefläche. Dort lugte etwas Grünes über die Flachte, ein Paket in grünem Geschenkpapier.

Daniel Ehlers wandte sich an seine Frau. »Was? Ist ... ist das für mich?«

Sie zuckte mit den Schultern. »Steig doch rauf und guck selbst nach.«

Behände klettere Daniel Ehlers über die Deichsel auf die Ladefläche und begutachtete das Paket.

»Hier ist eine Karte.« Er löste eine Grußkarte vom Geschenkpapier und las laut vor.

»*Für den wunschlos glücklichen Fuchsjäger*
*Deine Sandra*«

Nun gab es kein Halten mehr. Ohne lange zu fackeln, riss Daniel Ehlers das Papier auf.

»Neee ... Wahnsinn!«, entfuhr es ihm.

Mit beiden Händen strich er andächtig über den mächtigen Eisblock, in dessen Mitte der Fuchs steckte.

»Mensch Sandra! - Wie hast du das bloß hingekriegt?«

»Mit uns zusammen natürlich!«, rief Frido Heinemann. Wie aus dem Nichts war er zusammen mit seinen Überraschungshelfern aus Jägerschaft und Feuerwehr hinter dem Anhänger aufgetaucht. »Alles Gute von uns zum Dreißigsten!«

Daniel Ehlers schwang sich vom Anhänger und umarmte seine Frau.

»Waidmannsheil zu deinem ersten Fuchs«, hauchte sie ihm ins Ohr. »Und - herzlichen Glückwunsch!«

# Wolfsangel

Krachend fiel der Holzstuhl zu Boden. Eine Katze ließ von ihrem Futter ab und sprang vor Schreck auf die Fensterbank. Von dort oben fauchte sie erbost ihr Herrchen an.

Knut Stöver war unvermittelt aufgesprungen und hatte dabei den Stuhl umgeworfen. Schnaufend vor Wut beugte er sich über die Zeitung auf dem Küchentisch. Er riss die Seite ab, knüllte das Papier zu einem apfelgroßen Ball zusammen und schleuderte es gegen den Kühlschrank. Von dort prallte die Kugel zurück, fiel auf die Fliesen und kullerte zum Katzennapf.

Die Katze auf der Fensterbank beobachtete die Szenerie argwöhnisch.

Mit beiden Händen rieb sich Knut Stöver das Gesicht. Sein Glasauge juckte – genauer die rechte Augenhöhle, in der das Glasauge saß. Auch die Narbe, die von der Stirn über den Nasenrücken bis zum Mundwinkel reichte, machte sich bemerkbar. Immer wenn er sich aufregte, setzte dieser schreckliche Juckreiz ein.

Er trat ans Fenster. Ein heftiger Sommerregen klatschte gegen die Scheiben. Unverständliche Worte murmelnd, begann er, die Katze zu streicheln. Das beruhigte ihn und sein Haustier gleichermaßen. Die Katze schnurrte vor Wohlbehagen.

Als Knut Stöver den Stuhl aufhob, bückte er sich zum Zeitungsknäuel. Er warf es auf den Tisch, überlegte einen Moment und begann dann, das Papier wieder zu entfalten. Nachdem er die Zeitung – es handelte sich um die aktuelle Ausgabe der *Celleschen Zeitung* – halbwegs geglättet hatte, las er den Artikel ein zweites Mal.

»Wolfs-Nachwuchs vor Celler Haustür«, hieß es dort in großen Lettern. Und unter dem Foto, das zwei junge Wölfe auf einem Sandweg in der Heide zeigte, war zu lesen: »Eine Fotofalle auf dem Truppenübungsplatz Munster-Nord hat den Beweis erbracht.«

»Jetzt ist es so weit«, murmelte Knut Stöver, nachdem er den Artikel zu Ende gelesen hatte. »Sie haben Junge. Die ersten Wolfswelpen in Niedersachsen seit 150 Jahren ...«

Mit einer Gabel, die neben der Zeitung auf dem Küchentisch gelegen hatte, stach er bedächtig, aber kraftvoll zu, immer wieder. Die Spitzen des Bestecks durchbohrten das dünne Papier genau an jenen Stelle, wo die jungen Wolfskörper abgebildet waren.

Als Jagdaufseher betreute Knut Stöver ein Hochwildrevier im Norden von Hermannsburg, das an den Truppenübungsplatz von Munster grenzte. Auf dem riesigen, der Öffentlichkeit nicht zugänglichen Militärgelände waren Wölfe fotografiert worden. Die ausgedehnten Kiefernwälder und einsamen Heideflächen mit ihrem hohen Bestand an Rot- und Rehwild boten den Tieren ein ideales Biotop. Vor Jahren schon waren – gar nicht weit entfernt, auf dem Schießplatz des Rüstungsunternehmens Rheinmetall bei Unterlüß – zum ersten Mal seit 1948 wieder Wölfe in der Lüneburger Heide aufgetaucht.

Knut Stöver hasste Wölfe. Aus zwei Gründen.

Zum einen als Jäger.

Im Gegensatz zur offiziellen Ansicht der Landesjägerschaft Niedersachsen, die die Wölfe willkommen hieß, machte er überhaupt keinen Hehl daraus, dass er die Konkurrenz beim Jagen und Beutemachen nicht schätzte. Dort, wo der Wolf seine Wechsel zog, wurde das Jagen für den Menschen schwieriger. Das Wild wurde heimlich, hielt hohe Fluchtdistanzen ein – und vor allem wurde es weniger. Ein ausgewachsener Wolf benötigte pro

Tag rund vier Kilogramm Fleisch, das machte im Jahr 25 Stück Rotwild oder 90 Rehe. So rechnete jedenfalls Knut Stöver, der mit Bedacht die übrigen Beutetiere des Wolfes wie Hasen, Kaninchen oder Mäuse außen vor ließ.

Zum anderen war da seine Hundephobie.

Ein schreckliches Erlebnis hatte vor etlichen Jahren seine panische Angst vor den bellenden Vierbeinern ausgelöst. Als er zwölf Jahre alt war, hatte er an einem Spätsommerabend auf dem Nachbargrundstück mal wieder Äpfel geklaut und war dabei erwischt worden. Der Nachbar hatte seine beiden Schäferhunde auf den Apfeldieb gehetzt, die den Jungen binnen Sekunden übel zurichteten. Neben tiefen Fleischwunden an Armen und Beinen hatte er verheerende Gesichtsverletzungen erlitten. Noch heute zeugten das Glasauge und die hässliche Narbe davon.

Doch das Schlimmste war das Trauma, das dieser Angriff auf den Jungen bewirkte. Seine Seele hatte Schaden genommen, seine jugendliche Unbeschwertheit war dahin. Seit jenem grausamen Zwischenfall hatte Knut Stöver neben einer ausgeprägten Hundeangst einen nicht endenden Hundehass entwickelt. Therapeutische Hilfe, welche die Ärzte für notwendig hielten, hatte er nicht bekommen, zunächst weil ihn die Eltern nicht zu einem »Irrenarzt« schicken wollen. Später – als Erwachsener – lehnte er eine Behandlung aus Trotz und Dickköpfigkeit ab.

Als passionierter Waidmann und Jagdaufseher war es gar nicht so leicht, eine Hundephobie zu kaschieren. Verfügte doch jeder zweite Grünrock über einen vierbeinigen Begleiter. Dass er selbst keinen Jagdhund, sondern nur eine Katze besaß, hatte Knut Stöver so manchen Spott eingebracht. »Ein Jäger ohne Hund ist Schund!« – diese und ähnliche Parolen musste er sich immer wieder anhören.

So mied er Gesellschaftsjagden, wurde immer mehr zum Einzelgänger, jagte für sich allein. Pirschend und vom Hochsitz aus. Oder er stellte Fallen auf: Kastenfallen, Abzugseisen, Schwanenhälse. Damit fing er Füchse, Dachse, Marder – oder Marderhunde, die es immer häufiger gab. Ab und an erwischte er auch mal einen streunenden Hund. Das freute ihn besonders. Sein Revier galt – und hier war ihm die Anerkennung der Waidgenossen gewiss – geradezu als raubwildfrei.

Und nun kamen die Wölfe. Erst einer, dann zwei, dann der vermaledeite Nachwuchs – es wurden immer mehr. Keine Frage, nur zu bald würde es in der Lüneburger Heide ein erstes Rudel geben.

Das konnte und wollte Knut Stöver nicht tatenlos mit ansehen. Er musste handeln – und zwar sofort.

Dass Wölfe nicht dem Jagdrecht, sondern dem Naturschutz unterliegen und ganzjährig geschützt sind, zählte für ihn nicht. Er musste nur vorsichtig sein und sich nicht erwischen lassen.

Ans heimliche Schießen und anschließende Einkuhlen der Kadaver – wie in einigen Gegenden mit wenig Erfolg versucht – war nicht zu denken. Ein angeschossener Wolf konnte noch weit laufen. Dann würde er irgendwo verenden und gefunden werden – und Naturschützer und Polizei alarmieren.

Nein, er würde hinterlistig und heimtückisch vorgehen, um die Wolfsbrut zu vernichten, Er würde das widerliche Raubzeugs mit seinen eigenen Mitteln schlagen.

In seinem Kopf reifte ein Plan.

Drei Tage später betrat ein Mann das Foyer des Bomann-Museums in Celle. Die Uhr im Innenhof des gegenüberliegenden Schlosses zeigte fünf Minuten vor zwölf.

Trotz des warmen Wetters trug der Mann einen wadenlangen Lodenmantel und einen Jagdhut, den er tief ins Gesicht gezogen hatte. Sein linkes Auge – das andere wirkte seltsam starr – fixierte die einzige Person im Foyer, die Frau an der Kasse.

Wortlos legte er das Eintrittsgeld hin, bekam eine Karte und verschwand im Treppenhaus.

Ohne Umschweife begab sich der Besucher in die Sonderausstellung ›Jagd in der Lüneburger Heide‹, die sich der Geschichte des Waidwerks in den letzten Jahrhunderten widmete. Hier schienen ihn besonders die Exponate zu interessieren, die mit der Wolfsjagd zu tun hatten.

Keine halbe Stunde war vergangen, als der Mann mit dem Jagdhut das Bomann-Museum bereits wieder verließ. Später würde sich die Kassiererin daran erinnern, dass der Besucher bei ihr einen sonderbaren Eindruck hinterlassen hatte. Denn der Gang des Lodenmantelträgers wirkte merkwürdig steif und unregelmäßig. Seinen rechten Ellenbogen hatte der Mann an die Hüfte gepresst, sein Gesichtsausdruck wirkte angespannt. Es schien, als ob ihn Schmerzen plagten.

Der Jagdhutträger stieg die Treppe hinab und bog in die Stechbahn ein. Wenige Schritte vor dem Hotel *Celler Hof* krümmte er sich plötzlich. Etwas Schweres glitt unter seinem Mantel hervor und polterte laut auf den Asphalt: ein z-förmiges Eisen, etwa einen halben Meter lang und besenstieldick, welches an beiden Enden messerscharf geschliffen war.

»Scheiße!«, fluchte der Mann. Rasch hob er das Eisen auf und ließ es wieder unter seinem Mantel verschwinden.

Nur wenige Passanten hatten von dem Zwischenfall Notiz genommen. Ohne stehen zu bleiben, setzten sie ihren Weg fort. Lediglich drei Frauen einer japanischen Touristengruppe, die gerade den Turm der Stadtkirche bestaunten, musterten neugierig den grimmig dreinschauenden, merkwürdig mit einem Eisen hantierenden Mann und tuschelten miteinander.

Dass es sich bei dem Eisen um den original-getreuen Nachbau einer historischen Wolfsfalle, einer sogenannten Wolfsangel handelte, ahnten sie nicht.

Knut Stöver wählte ein Waldstück in seinem Jagdrevier, das wie ein Appendix in das Terrain des Truppenübungsplatzes ragte: ein Fichtenaltholz mit knüppeldicker Naturverjüngung. In diese entlegene, verschwiegene Ecke verirrte sich selten ein Mensch. Wanderer, Pilzesucher und Heidelbeerpflücker trauten sich wegen der unmittelbaren Nähe des Militärgeländes kaum hierher.

Ein idealer Platz, um in aller Heimlichkeit eine illegale Wolfsfalle zu installieren.

Auf einer schmalen Lichtung fand er das Gesuchte. Einen etwa drei Meter hohen Baumstumpf, Überbleibsel einer hundert Jahre alten Fichte, die kürzlich bei einem Sommersturm abgeknickt worden war.

Mit Hilfe einer Aluleiter kletterte er am Stamm empor. Dort, wo bereits ein Specht mit seinem Schnabel eine Mulde geschlagen hatte, trieb er das eine Ende der Wolfsangel mit wenigen Hammerschlägen in das weiche Holz. Nachdem er sich vergewissert hatte, dass das hakenförmige Eisen fest saß, bestückte er das freistehende Ende mit einem Fleischköder, einem frisch geschlachteten, noch blutigen, halbstarken Hühnerküken.

Zurück auf dem Waldboden begutachtete er sein Werk, das in gut zwei Meter Höhe in die Luft ragte.

Knut Stöver verzog sein Gesicht zu einer Grimasse, während er sich in Gedanken genüsslich das Geschehen ausmalte. Sollte der Wolf doch ordentlich springen, um an den Leckerbissen zu gelangen. Gefräßig, wie Wölfe nun mal waren, würde er das Maul weit aufreißen, um den Köder zu schnappen, fest zubeißen – und sich das spitze Eisen in seinen Oberkiefer treiben. Wie ein Fisch am Haken würde er hängen, mit allen vieren in der Luft, sich winden und zappeln, aber nicht mehr loskommen.

Es würde schon einige Zeit vergehen, bis das Raubtier verendete. Falls nötig wollte Knut Stöver mit einem Knüppel nachhelfen.

In der darauffolgenden Woche kontrollierte er die Wolfsangel jeden Morgen. Vor der Arbeit machte er sich in aller Herrgottsfrühe auf den Weg, um zu schauen, ob die Wölfe da gewesen waren. Die nachtaktiven Raubtiere legten auf ihren Streifzügen nach Beute so manchen Kilometer zurück. Knut Stöver kannte ein estnisches Sprichwort: ›Den Wolf ernähren seine Beine‹. Irgendwann würden sie bei seiner Wolfsangel vorbeikommen.

In den ersten Tagen blieb der gewünschte Effekt aus. Der Köder war zwar jeden Morgen verschwunden, doch am Eisen hing kein Wolf. Wahrscheinlich hatten die Kolkraben den toten Lockvogel stibitzt, auch ein Bussard kam in Frage. In der Höhe, in welcher der Köder angebracht war, konnte das nur jemand aus der Luft gewesen sein.

Knut Stöver fluchte Stein und Bein. Verbissen spießte er jeden Tag ein neues Küken auf. Schließlich begann er damit, den Köder von oben und von der Seite mit Fichtenzweigen zu verblenden. So kamen die Raubvögel nicht mehr an das blutige Fleisch heran.

Am sechsten Tag fand er unterhalb der Wolfsangel erstmals Hinweise auf einen vierbeinigen Fleischfresser. In dem eigens zum Spurenlesen von ihm freigescharrten Waldboden waren deutlich die Trittsiegel eines Fuchses auszumachen. Doch so

sehr sich der Rotrock auch gemüht hatte, sein Springen war erfolglos geblieben. Der Köder hing für ihn in unerreichbarer Höhe.

Am siebten Tag passierte es dann.

Er hatte verschlafen und schaffte es nicht mehr, vor der Arbeit in den Wald zu fahren. Den Kontrollgang holte Knut Stöver am späten Nachmittag nach.

An diesem heißen und schwülen Tag stand die Luft regelrecht zwischen den Bäumen. Das Grummeln in der Ferne kam nicht vom Schießbetrieb des nahen Munsteraner Truppenübungsplatzes oder von Rheinmetall in Unterlüß. Der pechschwarze Himmel im Osten über Faßberg verriet, dass ein gewaltiges Gewitter im Anmarsch war.

Als Knut Stöver die Wolfsangel erreichte, fielen die ersten Regentropfen. Mit einem Blick sah er, dass etwas nicht stimmte. Fichtenzweige, die er zur Verblendung des Köders angebracht hatte, lagen am Boden.

Die Wolfsangel hing schief am Baumstamm. Das halbwüchsige Hühnchen war auseinandergerupft und zur Hälfte verschwunden. Die Hälfte, die noch an dem Eisen baumelte, drohte jeden Augenblick herunterzufallen.

Klopfenden Herzens ging Knut Stöver in die Knie, um den Waldboden zu untersuchen. Er musste sich beeilen, denn Regen und Wind wurden stärker. Die Wolken verdunkelten zusehends den Himmel.

Rasch hatte er Gewissheit. Riesige Abdrücke im dunklen Humus belegten, dass kürzlich ein Wolf hier gewesen war.

Seine Gesichtsnarbe und die Augenhöhle mit dem Glasauge begannen vor Aufregung zu jucken. Schweiß lief ihm in das gesunde Auge. Das brannte, die klare Sicht schwand. Noch immer kniend wischte er sich mit dem Handrücken über die Stirn.

Eine heftige Gewitterböe fegte durch den Wald. Es rauschte mächtig in den Baumkronen, Zweige und Nadeln flogen durch die Luft.

Ein trockener Ast von einer benachbarten Fichte wurde vom Sturm abgerissen und streifte mit dumpfem Geräusch die Wolfsangel. Das Eisen ruckte – und löste sich aus dem Stamm. Noch immer am Boden hockend hob Knut Stöver den Kopf, um nach oben zu schauen.

Die schwere, spitz und messerscharf geschliffene Metallstange traf ihn mitten im Gesicht.

Wie vom Blitz getroffen brach er zusammen.

Das Gewitter war weitergezogen. Der Regen hatte nachgelassen, in der Ferne hörte man nur noch leisen Donner, als Knut Stöver wieder zu sich kam.

Ein grausam stechender Schmerz und das wilde Pochen in seiner rechten Gesichtshälfte ließ ihn aufheulen. Er krümmte sich auf dem Waldboden. Gesicht, Jacke, Hände – alles war blutüberströmt. Mit zitternden Fingern tastete er nach seinem Glasauge. Es war nicht mehr an seinem Platz. In der leeren Augenhöhle klaffte eine riesige Wunde.

Kurz bevor Knut Stöver das Bewusstsein endgültig verlor, öffnete er noch einmal sein verbliebenes Auge – und entdeckte sie.

Es waren mindestens drei, große, ausgewachsene Exemplare. Die Jungen waren nicht dabei.

Regungslos standen die Wölfe in mehreren Metern Entfernung und starrten ihn an. Sie machten keinerlei Anstalten, sich ihm zu nähern.

An einem Dienstag im September las die Kassierin des Bomann-Museums in der *Celleschen Zeitung*:

> »Mysteriöser Leichenfund – In einem Waldstück nördlich von Hermannsburg sind gestern die Überreste einer männlichen Leiche gefunden worden. Zwei Bundeswehrsoldaten, die sich bei einer Geländeübung verirrt hatten, machten die grausige Entdeckung. In dem Fichtenwald in unmittelbarer Nähe zum Truppenübungsplatz Munster lagen weit verstreut sauber abgenagte Knochen, Schädel und Kleidungsfetzen. Bei der Untersuchung der Fundstelle stieß die Polizei auf einen Gegenstand, der mit dem Toten in Verbindung stehen könnte: ein z-förmiges, 60 Zentimeter langes und fünf Zentimeter dickes Rundeisen, das an den Enden messerscharf angespitzt ist. Die Kriminalpolizei hat den Fall übernommen und eine Obduktion angeordnet. Sachdienliche Hinweise erbittet die Kripo Celle unter der Rufnummer ...«

Die Kassiererin wurde nervös. Nachdem sie die letzten Sätze noch einmal gelesen hatte, griff sie zum Telefonhörer und wählte die Nummer des Museumsdirektors.

Am folgenden Mittwoch berichtete die CZ erneut über den unbekannten Toten. Die Waldleiche sei identifiziert worden, denn anhand des Zahnbildes konnte zweifelsfrei festgestellt werden, dass es sich bei dem Toten aus dem Hermannsburger Wald um den seit Wochen vermissten Knut S. handelte. Doch die Todesursache war noch nicht eindeutig geklärt. Zwar wies der

Schädel ein zertrümmertes Jochbein auf, jedoch galt die Verletzung nicht als alleinige Todesursache. Sicher war nur, dass Knut S. von einem harten Gegenstand im Gesicht getroffen worden war. Als mögliches Schlagwerkzeug nannte die Polizei das Eisen, welches in der Nähe der Leiche unter einem Baum gefunden worden war. Nach Auskunft des Bomann-Museums handelt es sich dabei mit an Sicherheit grenzender Wahrscheinlichkeit um die historische Falle, eine sogenannte Wolfsangel, die Ende Juli ein Unbekannter aus dem Museum entwendet hatte.

Zehn Tage darauf informierte die CZ abschließend über den rätselhaften Fall:

»Todesursache weiterhin ungeklärt – Die Obduktion des Toten von Hermannsburg, der vor einigen Tagen im Wald gefunden worden war und als Knut S. identifiziert wurde, hat ergeben, dass die Nagespuren an den Knochen des Toten von wilden Tieren stammen. Zunächst hatten die Ermittler die Wölfe in Verdacht gehabt, die auf dem nahen Truppenübungsplatz ein neues Zuhause gefunden haben. Erst ein Fachmann vom LKA Hannover, der mit der weiteren Untersuchung betraut wurde, stellte fest, dass die Gebeine nicht von Wölfen, sondern von anderen Fleischfressern abgenagt worden waren: von grunzenden Allesfressern – ordinären Wildschweinen.

Der Fall Knut Stöver wurde nie aufgeklärt.

# Milad Mubarak

Es begann am 23. Dezember, kurz nach 21.00 Uhr. Ich war gerade dabei, den Weihnachtsbaum samt Ständer durch die Terrassentür ins Haus zu bugsieren, als sich mein Diensthandy bemerkbar machte. Es lag dort, wo es nach Feierabend hingehörte: am Ladegerät im Büro. Doch dessen Tür stand offen, der Klingelton erscholl aus unerklärlichen Gründen in höchster Lautstärke. Das penetrante Gebimmel drang durchs ganze Haus.

»Dein Handy!«, rief meine Frau zu allem Überfluss von oben herab durchs Treppenhaus. Sie war damit beschäftigt, den Weihnachtsbaumschmuck auf dem Dachboden unseres Hauses zusammenzusuchen.

»Jetzt nicht!«, schnaufte ich. Die sperrige Fichte am Esstisch und an den Regalen vorbei ins Wohnzimmer zu dirigieren, ohne Schaden anzurichten, forderte meine ganze Konzentration. In diesem Jahr hatten wir uns für eine stinknormale, selbst geschlagene *Picea abies* aus ›meinem‹ Wald entschieden – für ein sehr ausladendes Exemplar von stattlichen 2,70 Metern Höhe. Dazu kam der gusseiserne Christbaumständer mit einem stolzen Gewicht von fünf Kilo.

Das Handy lärmte derweil munter weiter.

Nachdem ich den Baum auf der Weihnachtsdecke abgestellt hatte, streifte ich die Arbeitshandschuhe ab und klopfte die Fichtennadeln von den Ärmeln. Erst dann marschierte ich seelenruhig in Richtung Büro.

»Immer mit der Ruhe«, murmelte ich vor mich hin. Wer rief zu dieser Zeit an? Das konnte doch eigentlich nur …

Mein Blick fiel auf das Display des Telefons. Ich hatte richtig vermutet: Der Anruf kam vom hiesigen Kommissariat der Polizei.

»Na, wo hat's gekracht?«, seufzte ich leicht angesäuert, nachdem ich meinen Namen und den der Revierförsterei genannt hatte.

»Gut geraten«, erwiderte der Polizeibeamte amüsiert. »Wildunfall auf der L310 zwischen Fuhrberg und Celle. An dem ehemaligen Parkplatz zwischen den Abteilungen 289 und 290.«

»Rehwild?«

»Nein. Ein Wildschwein.«

»Verletzte?«

»Menschen? – Bisher nicht. Der oder die Insassen des verunfallten Fahrzeugs sind flüchtig.«

»Wie bitte?«

»Ja. Die hatten anscheinend was zu verbergen. Wir vermuten, dass Alkohol im Spiel war – vielleicht Heimkehrer von einer Weihnachtsfeier.«

»Okay. Bin schon auf'm Weg. Brauch allerdings 'n Viertelstündchen.«

Der Nachmittag jenes 23. Dezember hatte den ersten nennenswerten Schnee des Winters gebracht. Pünktlich zu Weihnachten. Schon seit gut einer Woche herrschte Dauerfrost, der Erdboden war steinhart gefroren, so dass die weiße Pracht auch liegen blieb.

Als ich im Schein der Außenlampe den Pkw-Anhänger ankuppelte, fing es erneut an zu schneien. Unzählige feine Schneeflocken wirbelten durch den Lichtkegel auf die Hofeinfahrt nieder.

Nachdem der Nachsuche-Stutzen auf der Rückbank meines Kombis verstaut war, ratterte ich los. Taschenlampe, Hirschfänger und Bergestrick hatte ich sowieso an Bord.

Schon von weitem konnte ich sehen, dass die L310 östlich von Fuhrberg gesperrt war. Die Autos wendeten und kamen zurück. Einige warnten mich per Lichthupe.

Eine Vollsperrung? Donnerwetter! Und das wegen einer einzigen Sau? Da musste mehr passiert sein.

Der Schneefall wurde stärker.

Als ortskundiger Förster kannte ich die Säuferschleichwege. Also wechselte ich wegen der Sperrung von der Hauptstraße auf den Grasbruchdamm. Dieser asphaltierte Wirtschaftsweg verlief parallel zur Landstraße in Richtung Celle.

Allerdings war ich nicht der Einzige, der auf diese Idee gekommen war. Doch für normale Pkw war die Strecke nicht durchgängig befahrbar. Für sie entpuppte sich der vermeintliche Schleichweg als Sackgasse.

Mein allradgetriebener Kombi dagegen brachte mich problemlos bis zur Unfallstelle.

Nachdem ich an der Fuchsbergkreuzung in östlicher Richtung auf die L310 einbogen war, sah ich schon bald den Grund für die Vollsperrung. Taghell angestrahlt von den Scheinwerfern zweier Feuerwehrfahrzeuge und illuminiert vom blitzenden Blaulicht eines Streifenwagens lag mitten auf der Fahrbahn ein umgekippter Lieferwagen.

Als ich näher kam, konnte ich trotz des heftigen Schneefalls erkennen, dass Feuerwehrleute vor dem verunglückten Fahrzeug ein Ölbindemittel ausbrachten. Das Nummernschild des Unfallautos zeigte die für diese Gegend ungewöhnlichen Buchstaben ›PA‹. Das stand für Passau im fernen Bayern.

In gebührendem Abstand stoppte ich und stieg aus. Wenig später stand ich neben den Einsatzleitern von Polizei und Feuerwehr. Beide kannte ich seit Jahren.

»Die Sau liegt da drüben am Straßenrand«, erklärte der Ortsbrandmeister, nachdem wir uns begrüßt hatten. »Sieht ziemlich übel aus ...«

»Kein gewöhnlicher Wildunfall?«, wollte ich wissen. »Hab gehört, der Fahrer ist über alle Berge ...«

»Nicht nur das«, sagte der Polizeibeamte. »Der Lieferwagen, der mit dem Wildschwein kollidiert ist, hat gestohlene Kennzeichen. Die Nummernschilder aus Passau gehören zu einem anderen Fahrzeug. Fahrer und mögliche Beifahrer sind spurlos verschwunden. Wahrscheinlich haben sie sich mit einem zweiten Fahrzeug abgesetzt. Zeugen des Vorfalls gibt es leider keine.«

»Also einiges an Arbeit für euch. Nun denn. Ich werd' mich mal um die Sau kümmern.«

Zwei Feuerwehrleute halfen mir, das arg ramponierte Stück Schwarzwild zu meinem Anhänger zu schleppen. Das Gebrech der gut 70 Kilogramm schweren Bache war nur noch zur Hälfte vorhanden, der rechte Vorderlauf schien mehrfach gebrochen zu sein.

»Die war mit Sicherheit nicht allein unterwegs«, erklärte ich den beiden Helfern, während ich die Klappe des Anhängers zuschlug. »Ich werd' mal vorsichtshalber im Wald nachsehen.«

Mit einem Akku-Suchscheinwerfer, den ich mir von der Feuerwehr ausgeliehen hatte, lief ich die Straßenränder ab. Meine Vermutung, dass die Bache die Straße nicht allein überquert hatte, bestätigte sich schon bald. Keine 20 Meter vom Unfallwagen entfernt fand ich die Fährten. Trotz des Neuschnees, der in der letzten halben Stunde gefallen war, konnte man gut erkennen, dass zu der Bache eine größere Rotte gehört haben musste. Ich schätzte, dass es mindestens acht Stück gewesen waren, die die L310 gekreuzt hatten.

Doch weitere verendete Tiere konnte ich von der Straße aus nicht entdecken. Mit einem Stück Flatterband markierte ich die Stelle an einer Kiefer, um von hier aus am nächsten Vormittag eine Kontrollsuche mit Schweißhund zu organisieren.

Als ich zu den anderen zurückkehrte, war der Fahrer eines Abschleppwagens aus Fuhrberg gerade dabei, den ramponierten

Lieferwagen auf den Haken zu nehmen. In Kürze sollte die L310 wieder freigegeben werden. Ich verabschiedete mich bei den Einsatzleitern und machte mich auf den Heimweg.

Der Schneefall hatte aufgehört.

Am nächsten Morgen. 24. Dezember, 9.30 Uhr. Zum Glück hatte ich das Gros der Vorbereitungen für die bevorstehenden Festtage bereits hinter mir. Die Weihnachtsfichte war geschmückt, die Einkäufe weitgehend erledigt, die Geschenke eingepackt. Um den Rest würde sich meine Frau kümmern. Unsere beiden Kinder oder besser jungen Erwachsenen wollten erst am Nachmittag zu uns kommen.

Da ich zurzeit über keinen Jagdhund verfügte – meine Alpenländische Dachsbracke Bella war im Oktober überraschend gestorben – hatte ich mich mit Helmut Hinrichs verabredet, einem Schweißhundführer aus Fuhrberg. Wir trafen uns an der Unfallstelle, direkt beim Flatterband.

In der Nacht war kein weiterer Schnee gefallen. Den Wechsel, den die Sauen an der L310 gezogen hatten, konnten wir noch gut erkennen. Helmut Hinrichs und Hilde, eine Hannoversche Schweißhündin, machten sich an die Arbeit. Minuten später tauchte das eingespielte Gespann im benachbarten Kiefernbestand unter. Ich hatte Mühe, ihnen zu folgen.

Nach gut 30 Metern stoppte Helmut Hinrichs plötzlich. Hilde wollte weiter, wurde jedoch von ihrem Herrn zurückgehalten.

»Schau dir das mal an!«, rief mir der Schweißhundführer zu. »Hier ist letzte Nacht nicht nur 'ne Rotte Sauen gewechselt – da war auch 'n Trupp Zweibeiner unterwegs.«

»Das gibt's doch nicht!«, entfuhr es mir, nachdem ich zu den beiden aufgeschlossen hatte. »Mitten durch'n Busch? Soweit ich

weiß, sind die Polizisten und Feuerwehrleute auf der Straße geblieben.«

Helmut Hinrichs kniete im Schnee. »Ganz klar, hier ist mindestens ein Dutzend Leute lang gelaufen«, erklärte der erfahrene Fährtensucher. »Und zwar alle in eine Richtung: von der Straße weg in Richtung Süden. – Hattest du nicht was von Fahrerflucht erzählt? Und von Alkohol?«

»Mmmh!« Grübelnd schob ich meine Mütze in den Nacken. »Schon sehr merkwürdig, das Ganze.«

»Zwölf besoffene Fahrer werden das kaum gewesen sein«, grinste Helmut Hinrichs vielsagend. »Wer weiß, woher die Spuren kommen?«

»Du hast recht, das muss geklärt werden. Wir trennen uns. Du machst mit der Sauenfährte weiter, ich werde den Menschenspuren folgen. Zunächst zurück in Richtung L310.« Zum Abschied hielt ich mein Handy in die Höhe. »Wir bleiben in Kontakt.«

Fünf Minuten später stand ich wieder an der Unfallstelle. Die Menschenspuren führten direkt dorthin, wo der Lieferwagen umgekippt war. Es war mir ein Rätsel, warum sie letzte Nacht niemand von der Polizei entdeckt hatte.

Ich meldete mich beim Kommissariat in Großburgwedel und forderte einen Streifenwagen an. Da die Dienststelle weihnachtsbedingt nur mager besetzt sei, solle ich mich auf eine längere Wartezeit einstellen, hieß es. Die Ordnungshüter kannten meine Handy-Nummer, also stiefelte ich zurück in den Wald. Vorbei an der Stelle, an der ich mich von Helmut Hinrichs und Hilde getrennt hatte, immer weiter nach Süden. Dabei achtete ich peinlich darauf, nicht in der Menschenspur zu laufen. Vielleicht konnte die Spurensicherung der Polizei mit den verschneiten Trittsiegeln noch etwas anfangen.

Ich war bereits mehrere hundert Meter durch den Wald geirrt, als plötzlich Motorengeräusche an meine Ohren drangen. Es schien, als würden sie vom nahen Grasbruchdamm kommen.

Als ich wenig später auf den Waldweg stieß, über den letzte Nacht auch die ominöse Menschengruppe gelaufen sein musste, donnerte ein vollbeladener Holz-Lkw an mir vorüber.

»Verfluchter Mist!«, schimpfte ich wenig weihnachtlich. »Die Spuren sind hin ...«

Als ein zweiter Holz-Lkw mit Kiefern-Industrieholz an mir vorbei wollte, stoppte ich das Fahrzeug kurzerhand.

»Der Weg ist so schön durchgefroren«, entschuldigte sich der Fahrer kleinlaut nach meinem Hinweis, dass heute der 24. Dezember sei. »Das Frostwetter müssen wir nutzen.« Mit insgesamt drei Zügen hatten sie den Schnee auf dem Grasbruchdamm regelrecht platt gefahren – und die Spuren ruiniert.

Meine Frage, ob er etwas Auffälliges wie eine Menschengruppe oder deren Fußspuren im Schnee entdeckt hätte, verneinte er, versprach jedoch, seine beiden Kollegen danach zu fragen. Dann rauschte er mit seinem Laster davon.

Mein Handy klingelte. Es war die Polizei. Der Streifenwagen war früher als erwartet an der Unfallstelle angelangt.

»Bin in zehn Minuten bei Ihnen«, erwiderte ich, markierte die Stelle am Weg mit Flatterband und machte mich auf den Rückweg.

Helmut Hinrichs und ich trafen zeitgleich bei unseren Autos und den Polizisten ein.

»Mit der Rotte scheint alles in Ordnung«, meinte der Schweißhundführer. »Hilde und ich konnten nichts Auffälliges finden.«

»Dafür war ich umso erfolgreicher.« Ich erzählte von meiner Entdeckung. Auch davon, dass ich die Suche am Grasbruchdamm vorläufig aufgeben musste.

»Spuren von mindestens 12 Personen?« Der Streifenpolizist guckte skeptisch. »Das müssen wir uns ansehen.«

Als wir die Stelle erreichten, an der die Menschenspuren von der Straße in den Wald führten, staunte der Beamte nicht schlecht. »Tatsächlich! Also meine Kollegen waren das nicht. Auch keiner von der Feuerwehr. Das haben wir gestern Nacht glatt übersehen.«

»Wenn der Lieferwagen ein Dutzend Leute an Bord hatte, dann muss es in dem Fahrzeug doch Spuren von ihnen geben«, bemerkte ich. »Sie haben sicher den Laderaum untersucht?«

»Selbstverständlich!« Der Polizist zog einen Notizblock aus seiner Brusttasche und begann vorzulesen: »Vier Schaumstoffmatratzen, ein Sofa, zwei Sessel, jede Menge Bettdecken und Kopfkissen. Alles alter Kram, eher Sperrmüll. Der Unfall hatte das Zeugs mächtig durcheinander gewirbelt.«

»Hm. Könnte passen.« Mich hatte das Detektivspielfieber gepackt. »All die Polster und Matratzen wirkten wie ein Airbag. Das erklärt, warum bei dem Unfall anscheinend niemand ernsthaft verletzt wurde.«

»Tja ... wer versteckt in einem Kastenwagen unterwegs ist, dazu mit gestohlenen Kennzeichen, der hat Dreck am Stecken«, meinte Helmut Hinrichs. »Kein Wunder, dass die getürmt sind.«

»Da ist was dran«, antwortete der Polizist. »Das könnten Illegale gewesen sein ... oder Schwarzarbeiter ... oder vielleicht sogar flüchtige Straftäter ...«

»So viele Gangster auf einmal?«, äußerte ich Zweifel. »Kaum zu glauben. Ich an Ihrer Stelle würde jedenfalls schleunigst meinen Chef informieren. Das sieht nach jeder Menge Arbeit aus.«

»Puh!«, ächzte der Ordnungshüter. »Und das am 24. Dezember. Da haben Sie uns ja schön was eingebrockt.«

»Hundertschaft, Hubschrauber mit Wärmebildkamera, Spürhunde – sowas muss doch auch zu Weihnachten einsatzbereit sein, oder?«, forschte Helmut Hinrichs.

»Klar doch.« Der Streifenpolizist grinste schief. »Was glauben Sie, wie begeistert die alle sein werden ... und hinterher ist wahrscheinlich sowieso alles für die Katz'. Die Burschen sind doch längst über alle Berge.«

Ich beschrieb die Stelle, an der am Grasbruchdamm das Flatterband hing, dann verabschiedeten sich Helmut Hinrichs und ich von den beiden Polizisten.

Es war auch höchste Zeit: Weihnachten stand vor der Tür.

Nach einem kleinen Mittagsimbiss – am Heiligen Abend gab es das Festtagsessen gewöhnlich erst später – wollte ich mich gerade für ein halbes Stündchen aufs Ohr legen, als sich erneut mein Diensthandy meldete. Dummerweise steckte es immer noch in der Hosentasche.

»Aus der Jagdhütte in der Lindhorst steigt Rauch aus dem Schornstein«, meldete Dr. Sänger, der Jagdnachbar vom Luisenhof. »An Heiligabend, früh am Nachmittag. Hat das wohl seine Richtigkeit?«

»Ähem ...«, brummelte ich müde. »Zu der Hütte haben zwei Jagderlaubnisscheininhaber Schlüssel. Es wird sicher einer der beiden sein. Ich kläre das. Danke für Ihren Hinweis – und schöne Festtage!«

Natürlich bekam ich keinen der Jäger ans Telefon. In der Lindhorst war der Handy-Empfang unter aller Kanone. – Oder sollte gar keiner von ihnen da draußen sein, sondern jemand anderes ... jemand Unbefugtes? Diesen Gedanken verwerfend zog ich die Schuhe aus und legte mich aufs Sofa.

Doch so sehr ich mich auch mühte, abzuschalten und ein wenig zu dösen, es klappte nicht. Immer wieder kam ich ins Grübeln über die Lindhorsthütte.

Schließlich wurde es mir zu bunt und ich sprang auf. Wenige Minuten später saß ich im Auto.

Auf dem Weg in die Lindhorst begegnete mir heute, Heiligabend nachmittags, kein einziges Fahrzeug. Alle Welt bereitete sich zu Hause auf das Fest der Feste vor.

Als ich den Wald erreichte, verdunkelte sich der Himmel zusehends, neue Schneewolken zogen auf. Aus dem Schornstein der Lindhorsthütte stieg tatsächlich Qualm. Schon von weitem konnte ich die Rauchsäule sehen. Doch merkwürdig – die Fensterläden waren zugeklappt. Auch im Winter war es das Erste, was man tat, wenn man die Jagdhütte nutzte: sämtliche Fensterläden zu öffnen.

Dass der Parkplatz verwaist war, wunderte mich dagegen nicht. Vielleicht unternahm der Hüttennutzer mit seinem Fahrzeug gerade eine kleine Spritztour in einen abgelegenen Teil des Reviers. Schon mehr erstaunte es mich, dass im Schnee keine frischen Reifenspuren zu sehen waren, nur Fußspuren. Jede Menge menschliche Fußspuren.

Den Wagen stoppte ich direkt vor der Hütte, griff nach der Stabtaschenlampe unter dem Vordersitz und stieg aus. Als ich die drei Stufen zur Veranda nahm, rief ich laut:

»Hallo, ist da jemand?«

Keine Antwort. Mein Blick fiel auf die Tür. Sie war nur angelehnt. Als ich näher trat, sah ich das aufgebrochene Schloss.

Tausend Dinge schossen mir gleichzeitig durch den Kopf: Du bist allein, das Handy funktioniert in dieser abgelegenen Gegend äußerst miserabel, dein Revolver liegt daheim im Gewehrschrank. Und kein Mensch, nicht mal deine Frau, weiß, wohin du auf die Schnelle gefahren bist ...

Also hätte ich auf dem Absatz kehrt machen müssen, um Verstärkung zu holen.

Der Himmel mag wissen, warum ich genau das Gegenteil tat.

Beherzt stieß ich die Tür weit auf. Gerade wollte ich die Stabtaschenlampe einschalten, um in den dunklen Raum zu leuchten, als plötzlich ein Knüppel auf meinen ausgestreckten Arm niedersauste.

Vor Schreck und Schmerz schrie ich auf, die Taschenlampe fiel polternd zu Boden. Unzählige Hände und Arme reckten sich mir entgegen, zogen mich ins Dunkle der Hütte. Wahrscheinlich der gleiche Knüppel, der schon meinen Unterarm malträtiert hatte, landete einen Volltreffer an meiner Schläfe.

Es schien fast, als würde mein Kopf explodieren. Mir wurde schwarz vor Augen.

Als ich wieder zu mir kam, spürte ich als Erstes die extremen Kopfschmerzen. Als Zweites bemerkte ich, dass ich weich lag – auf dem Hüttensofa. Als Drittes registrierte ich, dass ich nicht allein in der Hütte war. Benommen drehte ich den Kopf und blinzelte in die Runde.

Zwei flackernde Kerzen und der brennende Ofen erleuchteten ein gespenstisches Szenario. Im Hauptraum der Hütte drängten sich etliche Menschen. Fremdländische Menschen mit dunklen Augen und Haaren. Männer und Frauen, Alte, Junge, Jugendliche und auch Kinder. Regungslos und stumm hockten sie auf Stühlen, den zwei Korbsesseln, auf der Brennholzkiste oder dem Erdboden. Und starrten mich an.

Ich versuchte, mich aufzurichten, doch konnte ich meine Arme nicht bewegen. Auch meine Beine funktionierten nicht so, wie ich es mir vorstellte. Im Schummerlicht erkannte ich, dass man mich während meiner Bewusstlosigkeit mit einer Gardinenkordel gefesselt hatte.

»Ent- ... Entschuldigung!«, stammelte jemand. Ein junger Mann hatte sich von einem der Stühle erhoben und trat zu mir ans Sofa. »Wir ... wir wollten Sie nicht verletzen. Aber meinem Bruder sind die Nerven durchgegangen.«

Der Mann sprach nahezu akzentfrei Deutsch. Mit einer leisen, weichen, fast warmherzigen Stimme.

»Binden Sie mich sofort los!«, befahl ich so energisch wie möglich. »Was fällt Ihnen ein? Sie ...«

»Das geht nicht«, unterbrach er mich sanft. Mit dem Zeigefinger deutete er auf das niedersächsische Hoheitsabzeichen an meiner Dienstjacke. »Sie sind von der Polizei, Sie werden uns sicher einsperren.«

»Ich bin kein Polizist. Hier steht ›Forst‹, nicht ›Polizei‹. Ich bin Förster. Binden Sie mich endlich los.«

Mein Gegenüber drehte sich kurzerhand um und setzte sich wieder auf seinen Stuhl. In einer fremd klingenden Sprache redete er auf einen schmächtigen, alten Mann neben sich ein, dessen grauer Vollbart bis auf die Brust reichte. Wahrscheinlich handelte es sich um das Familienoberhaupt. Der Ältere hörte ruhig zu, schüttelte dann den Kopf und antwortete knapp.

Der Jüngere wandte sich wieder mir zu.

»Wir können Sie leider nicht freilassen«, erklärte er. »Noch nicht. Aber seien Sie beruhigt, wir werden Ihnen nichts tun. Sie müssen ...«

In diesem Augenblick drang ein herzzerreißender Schrei durch die Hütte. Er kam aus dem Schlafraum gleich neben der Küche und schien von einer Frau zu stammen. Der Schrei ging in heftiges Stöhnen und Ächzen über.

Unter den Anwesenden, die bislang in stoischer Ruhe auf ihren Plätzen verharrt hatten, entstand Unruhe. Sie begannen zu tuscheln und zu flüstern. Trotzdem schickte sich niemand an, den Raum zu verlassen, um nach der anscheinend gepeinigten Frau zu schauen.

»Was geht da vor?«, rief ich dem jungen Mann zu. Der hatte sich erhoben und war zur Küchentür gegangen. Sich die schwarzen Locken raufend blieb er davor stehen.

»*Allahu akbar!*«, antwortete stattdessen der alte Mann mit dem Vollbart. Er murmelte weitere Worte in seiner Muttersprache, die offenbar arabischen Ursprungs waren. Es klang monoton, wie ein Gebet.

Da drang ein weiterer Schrei durch die dünnen Hüttenwände. Auch dieser Laut war menschlicher Natur. Jedoch stammte er dieses Mal nicht von einer Erwachsenen, sondern von einem Kind, einem kleinen Kind – vielleicht sogar von einem Neugeborenen.

In der Hütte brach Jubel aus. Jung und Alt lagen sich in den Armen, klatschen, jauchzten und sangen.

Der junge Mann eilte zu mir ans Sofa.

»Mein Bruder ist gerade Vater geworden!«, rief er freudestrahlend. »Und das ausgerechnet heute, am Heiligen Abend, dem Fest von euch Christen! In dieser armseligen Hütte. Fehlen nur noch die Krippe, Esel und Schafe ... Wenn das nicht ein Zeichen Allahs ist ...«

Mir fehlten die Worte. Zu absurd schien mir all das, was da gerade vor sich ging.

Er stupste meinen Oberarm. »Sie wissen doch, was heute Abend in jeder deutschen Kirche vorgelesen wird«, fuhr er mit leuchtenden Augen fort. »Die Weihnachtsgeschichte nach Lukas: ›Es begab sich aber zu der Zeit, als Quirinius Statthalter in Syrien war ...‹«

Fassungslos schaute ich ihn an und schüttelte den Kopf.

»Zuhause in Aleppo haben wir Kurden früher auch Weihnachten gefeiert«, erzählte er mit zunehmender Begeisterung. »Wir Muslime zusammen mit Christen und Aleviten. Alle gemeinsam.

›Milad Mubarak‹ – ›Frohe Weihnachten‹ wurde damals auf den syrischen Straßen gerufen. Es gab Lichterketten und auf einem Platz in Damaskus soll sogar ein Weihnachtsbaum gestanden haben.«

Ich riss mich zusammen. »Sie kommen also aus Syrien?«, versuchte ich das Gespräch in andere Bahnen zu lenken. Mein Schädel dröhnte, es fiel mir schwer, mich auf meine prekäre Lage zu konzentrieren.

»Ja, wir sind vor dem schrecklichen Bürgerkrieg daheim geflohen. Jetzt wollen wir nach Schweden. Dort haben die meisten von uns Verwandte.«

»Und Ihr Auto ist letzte Nacht verunglückt?«

»Ja. Mitten im Wald.«

»Sie sind danach vom Unfallort fortgelaufen, weil Sie keine gültigen Reisepapiere haben?«

»Dazu sage ich lieber nichts.«

Ich deutete auf meine Fesseln. »Und wie soll das hier jetzt weiter gehen?«

»Wir warten auf ein anderes Auto.« Der Syrer schaute auf sein Smartphone. »Es muss jeden Moment ...«

Das Knarren der Küchentür unterbrach unser Gespräch. Ein Mann kam herein, in den Armen das Neugeborene. Stolz ging er zu dem Alten, um ihm das Kind zu zeigen. Erneut brachen die Flüchtlinge in Jubel aus. Ihre Begeisterung wirkte in der engen Hütte derart laut, dass das Kind vor Schreck anfing zu weinen.

Die nächste Viertelstunde lang kümmerte sich niemand um mich. Der Säugling und seine Eltern zogen sämtliche Aufmerksamkeit auf sich. Erst ein dumpfes Motorengeräusch ließ die Syrer auf einen Schlag verstummen. Es kam von draußen, vom Hüttenparkplatz.

Sekunden später wurde die Tür von außen aufgestoßen, gleißendes Scheinwerferlicht erhellte das Innere der Hütte. Unterdrückte Rufe in fremder Sprache drangen an mein Ohr. Hektische Regsamkeit machte sich breit.

Bevor mir die Augen verbunden wurden, konnte ich noch erkennen, dass es draußen bereits dunkel war und dass es heftig schneite. Einer nach dem anderen schlüpften die Flüchtlinge in den weißen Lieferwagen, der mit laufendem Motor direkt vor der Tür parkte. Es schien das gleiche Modell zu sein wie der Unfallwagen von gestern Nacht.

Gerade wollte ich anfangen, mir Gedanken darüber zu machen, was denn mit mir geschehen würde, da spürte ich plötzlich eine Hand auf meiner Schulter.

»Bleiben Sie besser noch eine Weile hier in der warmen Hütte«, hörte ich die fürsorgliche Stimme des jungen Mannes. »Draußen ist es bitterkalt. Und es schneit. Ihr Auto und Ihr Handy nehmen wir ein Stückchen mit, damit Sie nicht auf dumme Gedanken kommen. Gegen Mitternacht, wenn wir außer Landes sind, informieren wir die Polizei, wo Sie zu finden sind.«

Von draußen rief jemand. »Ich muss jetzt gehen« sagte der Fremde. »Ich wünschte, Sie würden unsere Lage verstehen, zumindest ein bisschen. Mir bleibt nur, Sie um Verzeihung bitten. Und: *Milad Mubarak!*«

Wenige Augenblicke später wurde die Hüttentür zugeschlagen, Autotüren klappten, zwei Motoren heulten auf.

Die Geräusche entfernten sich rasch.

Allein blieb ich zurück.

Nach zwanzig Minuten heftiger Akrobatik hatte ich mich von Fesseln und Augenbinde befreit. Schweißgebadet, die lädierten Handgelenke reibend, stand ich auf und tastete mich im matten Schein der Ofenglut zur Tür.

Draußen auf dem verwaisten Hüttenparkplatz empfing mich eine eisige Winternacht. Der immer noch in großen Flocken fallende Schnee hatte die Spuren der Autos und Flüchtlinge zur Unkenntlichkeit verwischt.

Ungefähr eine halbe Stunde Fußmarsch durch den knöcheltiefen Schnee lag hinter mir, als ich die Scheinwerfer entdeckte. Sie steuerten direkt auf mich zu – helle Lichter in der Dunkelheit der Heiligen Nacht.

Ich dachte an die Hirten, denen der Weihnachtsstern erschienen war. Als ich wenig später merkte, dass es sich um das Auto meiner Frau handelte, erfasste mich eine eigentümliche Glückseligkeit – vielleicht ein bisschen so wie bei den Hirten in jener denkwürdigen Nacht.

»Um Gottes Willen, was ist passiert?«, wollte meine Frau wissen, nachdem sie mich in die Arme geschlossen hatte. »Seit zwei Stunden fahre ich kreuz und quer durchs Revier und suche dich. Hatte schon mit dem Schlimmsten gerechnet.« Ihre Hand berührte die Beule an meiner Schläfe. »Hattest du einen Unfall? Wo ist dein Wagen?«

»Ist alles gut«, beruhigte ich sie. »Nichts Schlimmes. Das mit dem Kopf wird wieder. Zuhause, unterm Weihnachtsbaum, muss ich dir eine ... eine eigentümliche, wundersame Geschichte erzählen, eine wahrhaftige Weihnachtsgeschichte. Die Geschichte einer Weihnachtsnacht – aber eine mit handfesten Überraschungen.«

Nachdem ich in den Wagen gestiegen war, fügte ich hinzu: »Und morgen gehe ich zur Polizei und erzähle denen die gleiche Geschichte. Aber erst morgen.«

Als wir zur Christmette um 23.00 Uhr die Kirche betraten, war das Gotteshaus gut gefüllt. Viele neugierige Augen richteten sich auf meinen verbeulten Schädel. Die zweifelnden Mienen verrieten mir, welche Gedanken wohl durch die Köpfe der anderen Kirchgänger spukten: Der muss ja ein seltsames Weihnachtsgeschenk bekommen haben ...

Wenn die wüssten.

Meine Schläfe schmerzte immer noch. Trotzdem lächelte ich, als der Pastor begann, den uralten Text aus der Bibel vorzulesen: »Es begab sich aber zu der Zeit, als Quirinius Statthalter in Syrien war ...«

# Danksagung

All denen, die mit Informationen, Rat und Tat zum Gelingen dieses Buches beigetragen haben, möchte ich an dieser Stelle herzlich danken:

*Gerd Kleinschmidt*, Kleinburgwedel
*Anja und Holger Plesse*, Kleinburgwedel
*Katharina Sander*, Wieckenberg
*Günter Schröder*, Wieckenberg
*Friedhelm Stein*, Engensen

Mein ganz besonderer Dank gilt

meinem Lektor und Freund ›Uli‹ – Ulrich Hilgefort, mit dem ich immer wieder gern und hoffentlich noch lange auf Lesereise gehe,

und natürlich meiner Familie.

---

Die Geschichten in diesem Buch sind Ergebnis der Fantasie; sämtliche Figuren und Ereignisse sind frei erfunden. Ähnlichkeiten mit tatsächlichen Begebenheiten oder Namen, mit lebenden oder verstorbenen Personen sind nicht beabsichtigt und wären rein zufällig.

Die genannten Ortschaften, Straßen, Wälder, Wiesen, Flüsse und Bäche sowie andere Landschaften gibt es dagegen tatsächlich, ebenso die Mehrzahl der beschriebenen Lokalitäten.

**Ebenfalls von Christian Oehlschläger erschienen:**

CHRISTIAN
OEHLSCHLÄGER

**Der Neunwürger**
– Kriminalroman –

Hardcover
400 Seiten
Format: 13,2 x 21 cm

ISBN 978-3-7888-1800-5

In der Nähe von Hermannsburg liegt ein Jäger unter einem Hochsitz. Mausetot. Aufgespießt auf einer Egge. Robert Mendelski und Maike Schnur von der Kripo Celle stehen vor einem Rätsel. Denn auf der Stirn des Getöteten steht eine Zahl, eine grüne Neun. Tags drauf kommt im Tiergarten Hannover eine Jägerin ums Leben. Erschlagen von einer Anhängerflachte. Auch bei ihr wird eine Ziffer gefunden. Der nächste Tote und die nächste Nummer lassen nicht lange auf sich warten...

**Verlag J. Neumann-Neudamm – Eine Marke der Neumann-Neudamm GmbH**
Schwalbenweg 1, 34212 Melsungen • Tel. 05661.9262-26 • Fax 05661.9262-1
info@neumann-neudamm.de • www.neumann-neudamm.de

CHRISTIAN
OEHLSCHLÄGER

**Das Hirschluder**
– Kriminalroman –

Hardcover
296 Seiten
Format: 13,2 × 21 cm

ISBN 978-3-7888-1671-1

Hungrig und voller Gier pickt ein Kolkrabe in den Augenhöhlen eines menschlichen Schädels, den er im winterlichen Klosterforst von Wienhausen gefunden hat. Eine Holzerntemaschine, ein Harvester, deren eigentliche Aufgabe es ist, Bäume zu fällen, zu entasten und zu zersägen, hat einen finnischen Waldarbeiter enthauptet. Nach einem Arbeitsunfall sieht es allerdings nicht aus. Bevor sich der Aasvogel weiter über den Kopf des Getöteten hermachen kann, wird er von einem Schuss aufgeschreckt.

Kurze Zeit später wimmelt es im Wald vor blinkenden Einsatzfahrzeugen. Auf dem engen Forstweg drängen sich Polizei-, Kranken- und Feuerwehrwagen. Unter den Kripobeamten der Mordkommission, deren weiße Plastikschutzanzüge in der Schneelandschaft eine ungewollte Tarnung abgeben, befinden sich auch Robert Mendelski und Maike Schnur von der PI Celle.

Der Kolkrabe hat längst das Weite gesucht.

**Verlag J. Neumann-Neudamm – Eine Marke der Neumann-Neudamm GmbH**
Schwalbenweg 1, 34212 Melsungen • Tel. 05661.9262-26 • Fax 05661.9262-19
info@neumann-neudamm.de • www.neumann-neudamm.de

CHRISTIAN
OEHLSCHLÄGER

**Der Waldvogel**
– Kriminalroman –

Hardcover
312 Seiten
Format: 13,2 x 21 cm

ISBN 978-3-7888-1390-1

In einem Sexmobil im Wald, an der Landstraße L 310 zwischen Celle und Fuhrberg, wird die Leiche einer jungen Weißrussin gefunden. Die Tatumstände weisen auf einen Triebtäter hin, was die unzähligen Straßenprostituierten in der Region und ihre Zuhälter in helle Aufregung versetzt. Robert Mendelski, Maike Schnur sowie das gesamte Spusi-Team von der Polizeiinspektion Celle erfahren auf der Beerdigung eines Kollegen von der Tat und rücken sofort aus. Doch es soll nicht bei einer Leiche bleiben. Aus dem vermeintlichen Triebtäter wird ein Serienmörder ...

**Verlag J. Neumann-Neudamm – Eine Marke der Neumann-Neudamm Gm**
Schwalbenweg 1, 34212 Melsungen • Tel. 05661.9262-26 • Fax 05661.9262-1
info@neumann-neudamm.de • www.neumann-neudamm.de

CHRISTIAN
OEHLSCHLÄGER

**Die Wolfsfeder**
– Kriminalroman –

Hardcover
288 Seiten
Format: 13,2 x 21 cm

ISBN 978-3-7888-1194-5

In der Nähe von Eschede in der Südheide macht man während einer Drückjagd eine grausige Entdeckung. Mitten im Wald, auf einem Streckenplatz, wo normalerweise die erlegten Stücke Wild aufgereiht werden, liegt die Leiche einer jungen Frau. Bei der mit Fichtenzweigen zugedeckten, kunstvoll aufgebahrten Toten handelt es sich um eine bildschöne Farbige aus der Dominikanischen Republik. Etlichen Jägern ist sie keine Unbekannte.

Zu den wenigen Jagdgästen, die das Opfer zu Lebzeiten nicht kennengelernt haben, gehört Kriminalhauptkommissar Robert Mendelski von der Polizeiinspektion Celle. Er nimmt sich sofort des Falles an. Zusammen mit seiner jungen Kollegin Maike Schnur stößt er schon bald auf merkwürdige Spuren.

**Verlag J. Neumann-Neudamm – Eine Marke der Neumann-Neudamm GmbH**
Schwalbenweg 1, 34212 Melsungen • Tel. 05661.9262-26 • Fax 05661.9262-19
info@neumann-neudamm.de • www.neumann-neudamm.de

CHRISTIAN OEHLSCHLÄGER

**Der Schwanenhals**
– Kriminalroman –

Hardcover
256 Seiten
Format: 13,2 x 21 cm

ISBN 978-3-7888-1008-5

Was hat der Selbstmord einer jungen Frau in Dänemark mit einer Jagdgesellschaft in der Lüneburger Heide zu tun?

An einem außergewöhnlich schneereichen Winterwochenende treffen sich fünf ehemalige Klassenkameraden auf einem abgelegenen, ausgedienten Truppenübungsplatz der Briten, um zu jagen. Wie jedes Jahr! Doch dieses Mal werden sie zu Gejagten! Bereits der erste Ansitzabend endet für einen der Beteiligten auf tragische Weise tödlich. Eine grausame Mordserie beginnt!

Hauptkommissar Robert Mendelski von der Mordkommission Celle – gerade aus dem verregneten Barcelona heimgekehrt – und seine junge Kollegin, Kriminalinspektorin Maike Schnur, – soeben vom Freund und jeglicher Lebenslust verlassen – machen sich nur widerwillig auf den Weg zu der mysteriösen Luxus-Jagdhütte inmitten einsamer, ausgedehnter Kiefernwälder. Und es schneit, und schneit ...

### Jetzt als Hörbuch von BITBOOK:

**Der Schwanenhals**
– Kriminalroman –
4 Hör-CDs
gelesen von Boris Aljinovic
ISBN 978-3-86794-000-9

**Verlag J. Neumann-Neudamm – Eine Marke der Neumann-Neudamm GmbH**
Schwalbenweg 1, 34212 Melsungen • Tel. 05661.9262-26 • Fax 05661.9262-1
info@neumann-neudamm.de • www.neumann-neudamm.de